Lite[ratura]
Latinoamericana

PARA PRINCIPIANTES

Florencia Abbate • Diego Parés

RUBEN DARIO
Nicaragua 1867-1916

JOSE MARTI
Cuba 1853-1895

ALFONSINA STORNI
Argentina 1892-1938

LEZAMA LIMA
Cuba 1912-1976

ROBERTO ARLT
Argentina 1900-1942

ALEJ. PIZARNIK
Argentina 1932-1972

JULIO CORTAZAR
Argentina 1914-1984

CESAR VALLEJO
Perú 1892-1938

PABLO NERUDA
Chile 1904-1973

JORGE L. BORGES
Argentina 1889-1986

GARCIA MARQUEZ
Colombia 1928

JUAN C. ONETTI
Uruguay 1909-1994

ERA NACIENTE
Documentales Ilustrados

Literatura Latinoamericana para principiantes

© texto: Florencia Abbate, 2003.
© de las ilustraciones: Diego Parés, 2003.
© de la presente edición: Era Naciente SRL, 2003.

Para Principiantes®
es una colección de libros de
Era Naciente SRL
Fax (5411) 4775-5018
Buenos Aires, Argentina
E-mail: kreimer@ciudad.com.ar

Director de la colección: Juan Carlos Kreimer
Diseño y corrección: txt ediciones

HA860	Abbate, Florencia
ABB	Literatura latinoamericana para principiantes.
	- 1ª ed. - Buenos Aires: Era Naciente, 2003.
	192 p.; 20x14cm.- (Para principiantes)
	ISBN 987-555-005-1
	I. Título - 1. Literatura Latinoamericana

Esta primera edición se terminó de imprimir
en los talleres de Longseller, en Buenos Aires,
República Argentina, en junio de 2003.

La autoreivindicación de Latinoamérica como unidad que comparte una identidad cultural, estuvo desde siempre ligada a la voluntad política, ética y defensiva de consolidar una unión entre países históricamente sometidos a la dependencia respecto de potencias exteriores.

La idea de literatura latinoamericana como un conjunto autónomo, con características propias, nace en el siglo xx. Si bien los países que conforman la región son diferentes entre sí, a partir de entonces empiezan a ser pensados como un bloque: más allá de la diversidad, la literatura de cada uno de ellos comunicaría mitos, experiencias y sueños compartidos.

La literatura hispanoamericana ha tenido como rasgos dominantes un sesgo social y una tendencia a intervenir en cuestiones políticas. Muchos escritores asumieron la tarea de contar la historia en sus ficciones, y se encomendaron la misión de definir la identidad de Hispanoamérica.

DESDE EL ENSAYO "NUESTRA AMÉRICA" DE JOSÉ MARTÍ, PASANDO POR LOS POEMAS DEL **CANTO GENERAL** DE PABLO NERUDA, HASTA LA NOVELA **TERRA NOSTRA** DE CARLOS FUENTES, ESTÁ EN JUEGO EL PROYECTO DE PROMOVER UN IMAGINARIO COLECTIVO QUE REALIMENTE LA CREENCIA DE LA INTEGRACIÓN ENTRE LOS PAÍSES DE LA REGIÓN.

La integración de los países hispanoamericanos en un solo bloque cultural comienza con el modernismo al filo del siglo XX. Desde entonces fue creciendo la confianza en que la literatura podría ayudar a decir quiénes son y cómo son los latinoamericanos. Tal confianza comenzó a eclipsarse en los años setenta.

Aproximadamente entre 1875 y 1910, un movimiento cuyo principal representante es Rubén Darío, eleva de manera notable el *status* de las letras hispanoamericanas, y avanza hacia la autonomía respecto de España. En un lapso menor a cuarenta años participan del modernismo todos los países de Hispanoamérica, y la mitad de ellos da una veintena de escritores importantes.

LOS ESCRITORES MODERNISTAS NO SÓLO IMPONEN SU INFLUENCIA EN HISPANOAMÉRICA. ADEMÁS, LOGRAN QUE POR PRIMERA VEZ NUESTRA LITERATURA SE CONVIERTA EN UN MODELO PARA LA ESPAÑOLA. LA RELACIÓN CON ESPAÑA SE INVIERTE.

PROSAS PROFANAS

RUBÉN DARÍO

Los modernistas fundan una literatura que en buena medida determinaría las búsquedas estéticas de los artistas posteriores. Abriéndose a las posibilidades modernas de crear en una línea cada vez más universalista, se emancipan del modelo español y toman elementos de diversa procedencia, en especial de la poesía francesa. Contribuyen así a superar el anacronismo que había reinado en la etapa anterior.

La renovación más profunda que introducen los modernistas concierne al lenguaje y a la sensibilidad. Con ellos surge el culto a lo nuevo, y la idea y la práctica de un arte experimental.

DESPUÉS DEL MODERNISMO, NUESTRO IDIOMA PUDO SOPORTAR PRUEBAS MÁS RUDAS Y AVENTURAS MÁS PELIGROSAS: LAS VANGUARDIAS DE LA DÉCADA DEL VEINTE Y LAS MÁS AUDACES TENTATIVAS DE LA POESÍA CONTEMPORÁNEA ESTÁN ÍNTIMAMENTE LIGADAS A ESE GRAN COMIENZO.

En sus días, el modernismo suscitó adhesiones fervientes y furiosas oposiciones.

OCTAVIO PAZ

La poesía modernista oficia como caja de resonancia de los conflictos y las contradicciones de su época. En esos años finiseculares, la literatura acompaña críticamente el pasaje de la sociedad aldeana al anonimato de las grandes ciudades de hierro y hormigón.

Es posible distinguir tres momentos del modernismo:

JOSÉ MARTÍ

Uno, donde se ubican los llamados "precursores", entre los que se destacan **Julián del Casal** (Cuba, 1863-1893), **Manuel Gutiérrez Nájera** (México, 1859-1895), **José Asunción Silva** (Colombia, 1865-1896) y, sobre todo, **José Martí**.

Luego, el más importante, marcado plenamente por la figura de **Rubén Darío**, seguida de otros como **Julio Herrera y Reissig** (Uruguay, 1875-1910), **Amado Nervo** (México, 1870-1919) y **Leopoldo Lugones** (Argentina, 1874-1938).

"EN EL ECO QUE REFLUYE MI OTRA VOZ ME SOMBRA ¡Y HOSCO PERSIGO EN MI SOMBRA MI PROPIA ENTIDAD QUE HUYE!"

HERRERA Y REISSIG

"SIEMPRE QUE INICIO UN VUELO POR ENCIMA DE TODO, UN DEMONIO SARCÁSTICO MAÚLLA, Y ME DEVUELVE AL LODO."

RAMÓN LÓPEZ VELARDE

Por último, uno en el que se sitúa la obra de poetas –muy distintos entre sí– como **Baldomero Fernández Moreno** (Argentina, 1886-1950), **Carlos Pezoa Véliz** (Chile, 1879-1908), **José Juan Tablada** (México, 1871-1945) y **Ramón López Velarde** (México, 1888-1921)

Los modernistas introducen una relación nueva con las culturas extranjeras, una relación que no es mimética sino que se distingue por la apropiación desprejuiciada de textos, discursos y linajes ajenos. Ese rasgo típico de la modernidad cultural –la cual se distingue por fomentar un vínculo no jerárquico con la tradición– constituye la mayor apertura del modernismo hacia el siglo xx.

NOS PASEAMOS POR LA ICONOGRAFÍA, LA RETÓRICA Y LA MITOLOGÍA DE LAS MÁS DIVERSAS CULTURAS. NOS APROPIAMOS DE LA TRADICIÓN CLÁSICA GRECORROMANA, PERO TAMBIÉN DE LA NOVEDAD EUROPEA Y DEL EXOTISMO ORIENTAL.

SUPIMOS CREAR FORMAS QUE AMALGAMAN DE MANERA IMBRICADA LO VIEJO Y LO NUEVO.

DEBIDO A QUE MEZCLÁBAMOS TODO, HAY TEÓRICOS IRRESPETUOSOS QUE DICEN QUE LA NUESTRA FUE UNA "POÉTICA DE BAZAR".

LUGONES

HERRERA Y REISSIG

La mayoría de los autores modernistas no alcanzó la estatura literaria de los poetas que admiraban –Paul Verlaine (Francia, 1844-1896), Stephane Mallarmé (Francia, 1842-1898), Walt Whitman (EE.UU., 1819-1892), entre otros–, y muchos de sus textos resultan un tanto ríspidos para el gusto de hoy. Sin embargo, su importancia como instauradores de nuevas premisas artísticas es insoslayable.

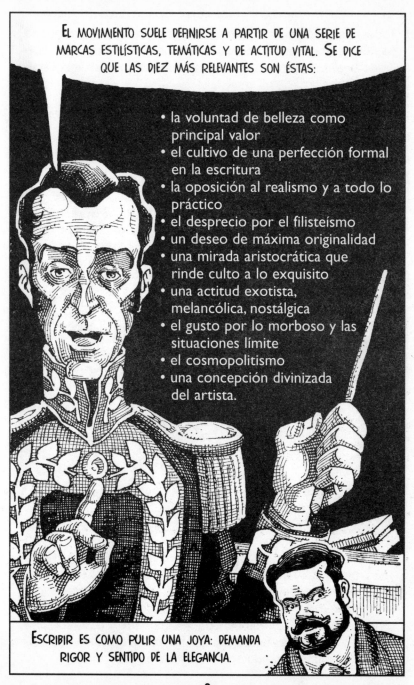

El movimiento suele definirse a partir de una serie de marcas estilísticas, temáticas y de actitud vital. Se dice que las diez más relevantes son éstas:

- la voluntad de belleza como principal valor
- el cultivo de una perfección formal en la escritura
- la oposición al realismo y a todo lo práctico
- el desprecio por el filisteísmo
- un deseo de máxima originalidad
- una mirada aristocrática que rinde culto a lo exquisito
- una actitud exotista, melancólica, nostálgica
- el gusto por lo morboso y las situaciones límite
- el cosmopolitismo
- una concepción divinizada del artista.

Escribir es como pulir una joya: demanda rigor y sentido de la elegancia.

Todos los modernistas defienden la idea de que las obras no han de estar al servicio de nada: son un fin en sí mismas. Ese credo lo aprendieron de los poetas parnasianos y simbolistas franceses.

El arte por el arte es la doctrina que Victor Hugo (Francia, 1802-1885) promulgó y que los parnasianos defendieron. Supone que el fin del arte es producir efectos estéticos, sin someterse a consideraciones de ninguna otra índole. Con Theóphile Gautier (Francia, 1811-1872) a la cabeza, los parnasianos perseguían la perfección formal de la poesía a través de un estilo descriptivo, fuertemente basado en el imaginario grecolatino.

El crítico Angel Rama señala que en el modernismo hay una superposición de estéticas consideradas antagónicas en Europa, como el parnasianismo y el simbolismo. Lo que sucede es que todo lo que llegaba de París era adoptado orgullosamente por los modernistas: si España connotaba atraso y los Estados Unidos pragmatismo, Francia era pensada como espléndida cuna de la cultura y el arte.

SIMBOLISMO ES EL NOMBRE QUE AGLUTINÓ EN FRANCIA AL CONJUNTO DE POETAS QUE SE PROPUSIERON COMO RENOVADORES DE LA POESÍA A FINES DEL SIGLO XIX.

EN "EXISTENCIA DEL SIMBOLISMO", PAUL VALERY DICE QUE LA UNIÓN DEL CONJUNTO ESTÁ DADA POR LA ÉTICA. LA "ÉTICA SIMBOLISTA" CONSISTE EN NO CEDER A LAS PRESIONES DEL MERCADO Y EN CONSIDERAR AL ARTE COMO UNA PRÁCTICA HOSTIL A SUS EXIGENCIAS.

¡CLICK!

El alcance y la repercusión que alcanza el movimiento modernista no pueden explicarse si no se considera su carácter de
fenómeno ligado al proceso de cambios que se daba en las sociedades latinoamericanas de esos años. Todo estaba en vías
de "modernización". Cada día era más evidente el crecimiento
acelerado de las ciudades capitales y el afianzamiento de la
clase burguesa y sus valores.

El modernismo emerge en el momento de incorporación de
América Latina al capitalismo. Para muchos de sus adherentes,
encarna un proyecto de altivo rechazo a la degradación social.

La difusión del modernismo coincide con la consolidación de la prensa en el continente y el progresivo aumento de los índices de alfabetización. A través de periódicos como *La Nación* de Buenos Aires, *La Opinión Nacional* de Caracas o *El Partido Liberal* de México, la escritura modernista se expande y los intelectuales de los distintos países acceden a los mismos textos en forma simultánea.

En más de un caso los escritores opinan directamente de temas políticos. No en vano, el movimiento intelectual antiimperialista, que tendría tanta fuerza décadas más tarde, comienza con el modernismo.

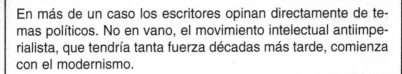

> CON NUESTRAS BELLAS PALABRAS CONVENCIMOS A MUCHOS DE QUE HISPANOAMÉRICA DEBÍA CUIDARSE DE LOS ESTADOS UNIDOS.

> EN MI ENSAYO "NUESTRA AMÉRICA" COMPARÉ AL "GRAN PAÍS DEL NORTE" CON UN TIGRE AGAZAPADO Y A PUNTO DE SALTAR.

> EN MIS CANTOS DE VIDA Y ESPERANZA EXPRESÉ UNA PREOCUPACIÓN POR EL AVANCE DE LOS YANQUIS EN LA ZONA DEL CARIBE Y POR LA DESAPARICIÓN DE MI PAÍS: NICARAGUA.

> YO ELABORÉ BONITOS DISCURSOS, COMO "EL PAYADOR", PARA AYUDAR A LOS GOBERNANTES DE MI PAÍS A CONSOLIDAR LA NACIÓN MEDIANTE MITOS Y COMBATIR LOS EFECTOS DE LA OLEADA INMIGRATORIA. HAY QUIENES DICEN QUE SOY UN XENÓFOBO. ES MUY POSIBLE...

José Martí/arte y emancipación

La importancia de **José Martí** (Cuba, 1853-1895) está dada en buena medida porque en él la voluntad de renovación verbal se conjugó con un férreo propósito de cambio político. Martí pensó a Hispanoamérica como una "patria grande", en contraste y enfrentamiento con Norteamérica. Y en este sentido es considerado el padre de la tradición latinoamericanista.

ÉRAMOS UNA MÁSCARA, CON LOS CALZONES DE INGLATERRA, EL CHALECO PARISIENSE, EL CHAQUETÓN DE NORTEAMÉRICA Y LA MONTERA DE ESPAÑA. DEBÍAMOS EMPEZAR A TENER NUESTRO PROPIO PENSAMIENTO.

ALEJO CARPENTIER

MARTÍ, CAÍDO EN DOS RÍOS, HABÍA DE ERIGIRSE, A LA VEZ, EN HOMBRE DE SU TIEMPO Y DE TODOS LOS TIEMPOS, PORQUE SU OBRA SIGUE RESPONDIENDO A LAS PREGUNTAS QUE SOBRE NUESTRA AMÉRICA NOS HACEMOS CADA DÍA.

"¡Recuerdos hay que queman la memoria! ¡Alza, oh pueblo, el escudo, porque es grave cosa esta vida! ¿Veis los esclavos? ¡Como cuerpos muertos atados en racimo, a vuestra espalda!"

Martí no sólo escribió exquisitos versos: él fue quien dirigió, con el coronel Máximo Gómez, la guerra por la independencia de Cuba. Testimonio de esa experiencia es su *Diario de campaña* (1895), el cual se interrumpe con su muerte, en la localidad de Dos Ríos.

Martí es conocido como "el poeta del compromiso" y "el apóstol de la libertad". Creía que el artista debe identificarse con los más desamparados, espíritu que llevó a escritores como Cintio Vitier (Cuba, 1921) a resaltar y contrastar su poética con la de Julián del Casal, basada en la dicotomía arte-vida y en una mirada elitista: típicos componentes del modernismo a los cuales Martí no adhería.

Los más altos maestros son para él los hombres volcados a la transformación redentora del mundo por el propio y voluntario sacrificio. En su obra, la ética y la estética se funden. Casal, en cambio, es un nihilista.

La palabra es una coqueta abominable cuando no se pone al servicio del honor y del amor.

"Con los pobres de la tierra / Quiero yo mi suerte echar: / El arroyo de la sierra / Me complace más que el mar. / Denle al vano el oro tierno / Que arde y brilla en el crisol: / A mí denme el bosque eterno / Cuando rompe en él el sol."

CINTIO VITIER

En contraste con Martí, cuya prosa es la de un combatiente esperanzado, Julián del Casal fue una suerte de poeta maldito. Le cantó a la ciudad nocturna, sórdida, pecaminosa, y sus poemas transmiten —curiosamente— un clima de abulia melancólica.

"Nuestra América" es el ensayo más célebre de Martí.

> ¿EN QUÉ PATRIA PUEDE TENER UN HOMBRE MÁS ORGULLO QUE EN NUESTRAS REPÚBLICAS DOLOROSAS DE AMÉRICA, LEVANTADAS ENTRE LAS MASAS MUDAS DE INDIOS, AL RUIDO DE PELEA DEL LIBRO CON EL CIRIAL, SOBRE LOS BRAZOS SANGRIENTOS DE UN CENTENAR DE APÓSTOLES? LOS POLÍTICOS NACIONALES HAN DE REEMPLAZAR A LOS POLÍTICOS EXÓTICOS.

> MARTÍ FUE EL HOMBRE CUYA PALABRA Y CUYO EJEMPLO HABÍA QUE RECORDAR CADA VEZ QUE SE QUISIERA DECIR O HACER ALGO TRASCENDENTE. PORQUE MARTÍ ES MUCHO MÁS QUE CUBANO; ES AMERICANO, Y SU VOZ SE ESCUCHA Y SE RESPETA NO SÓLO EN CUBA SINO EN TODA LA AMÉRICA.

> ¡SIGH!

Sus *Obras Completas* fueron editadas por el Instituto Cubano del libro, entre 1963 y 1973, en veintiocho tomos. Los ensayos de Martí son de tan perdurable calidad como sus crónicas periodísticas y su poesía. A diferencia de los de muchos modernistas posteriores, todos sus textos resisten la prueba del tiempo.

También en *Ariel* de **José Enrique Rodó** (Uruguay, 1871-1917) aparece simbolizado el nuevo espíritu americanista. Al igual que Martí, Rodó se consideraba continuador de la misión emancipatoria iniciada por **Simón Bolívar** (1783-1830), nuestro narrador.

CON MÁS O MENOS DILACIÓN, UN LAZO POLÍTICO UNIRÁ A LOS PUEBLOS DE LA AMÉRICA NUESTRA, Y ESE DÍA SERÁ EL PENSAMIENTO DEL LIBERTADOR EL QUE HABRÁ RESURGIDO Y TRIUNFADO, Y SERÁ SU NOMBRE EL QUE MERECERÁ CIFRAR LA GLORIA DE TAN ALTA OCASIÓN.

SOMOS HIJOS DE SU ESPADA. SU ECO RESUENA EN LO MÁS HONRADO DE NUESTRAS ENTRAÑAS.

MUCHACHOS, NO ES PARA TANTO...

Conductor de pueblos, capitán de guerra, creador de rumbos, Bolívar murió a los cuarenta y siete años, habiendo liberado a seis naciones de la tutela española. Su ideario político está plasmado en textos como la "Carta de Jamaica" (1815) y el "Discurso de Angostura" (1819).

Rubén Darío reconoció a Martí como su maestro:

YO ADMIRABA EL VIGOR DE MARTÍ, AQUEL ESCRITOR ÚNICO A QUIEN HABÍA CONOCIDO POR AQUELLOS FORMIDABLES Y LÍRICOS TEXTOS QUE PUBLICABA EN LOS DIARIOS.

SU PROSA ESTABA LLENA DE VITALIDAD Y DE COLOR, DE PLASTICIDAD Y DE MÚSICA. EN ELLA SE TRANSPARENTABA EL CULTIVO DE TODAS LAS LITERATURAS ANTIGUAS Y MODERNAS Y, POR SUPUESTO, EL ESPÍRITU DE UN ALTO Y MARAVILLOSO POETA.

FUI PUNTUAL A LA CITA. PASÉ POR UN PASADIZO SOMBRÍO Y, DE PRONTO, ME ENCONTRÉ EN LOS BRAZOS DE UN HOMBRE PEQUEÑO DE CUERPO, QUE CON VOZ DULCE Y DOMINADORA AL MISMO TIEMPO ME DIJO ESTA ÚNICA PALABRA:

¡HIJO!

La influencia de Martí en Darío es indudable. Pero los distingue el hecho de que, a diferencia del discípulo, el maestro no concibió la literatura como una actividad estética independiente de la política. El orador, el periodista, el poeta y el combatiente, no están en Martí separados; derivan de un mismo impulso ético. A su muerte, Darío le reprochó que él, un escritor tan valioso, hubiese dado su vida en la lucha: "... perdona que te guardemos rencor los que te amábamos y admirábamos, por haber ido a exponer y a perder el tesoro de tu talento".

Rubén Darío/*el símbolo*

El movimiento modernista se consolidó con la aparición de *Azul* (1888), un libro de poemas y cuentos que rápidamente ganó resonancia continental.

JORGE LUIS **BORGES**

ANGEL **RAMA**

TODO LO RENOVÓ DARÍO: LA MATERIA, EL VOCABULARIO, LA MÉTRICA, LA MAGIA PECULIAR DE CIERTAS PALABRAS, LA SENSIBILIDAD DEL POETA Y DE SUS LECTORES. QUIENES ALGUNA VEZ LO COMBATIMOS, COMPRENDEMOS HOY QUE LO CONTINUAMOS.

¿POR QUÉ AÚN ESTÁ VIVO? ¿POR QUÉ, ABOLIDA SU ESTÉTICA, ARRUMBADO SU LÉXICO PRECIOSO, SUPERADOS SUS TEMAS, SIGUE CANTANDO CON SU VOZ TAN PLENA? ¿POR QUÉ ESE LÍRICO, PROCESADO CIEN VECES POR SU DESDÉN DE LA VIDA Y EL TIEMPO QUE LE TOCÓ NACER, RESULTA HOY CONSUSTANCIALMENTE AMERICANO?

A **Rubén Darío** (Nicaragua, 1867-1916) le interesaba crear una literatura de viajeros y políglotas, de hombres conocedores de diferentes culturas, que percibiesen la realidad con una perspectiva mundial.

En Azul, Darío presenta una prosa altamente trabajada en sus aspectos formales. Cuando el libro se publicó él tenía sólo veintiún años.

EL MOVIMIENTO DE LIBERTAD QUE ME TOCÓ INICIAR EN AMÉRICA SE PROPAGÓ HASTA ESPAÑA Y, TANTO AQUÍ COMO ALLÁ, SU TRIUNFO ESTÁ LOGRADO.

YO NO SOY EN MODO ALGUNO UN POETA PARA LAS MUCHEDUMBRES, PERO SÉ QUE INDEFECTIBLEMENTE TENGO QUE IR A ELLAS.

ESCRIBO MI PROTESTA CONTRA LOS YANQUIS SOBRE LAS ALAS DE LOS INMACULADOS CISNES. SOY UN HIJO DE AMÉRICA Y UN NIETO DE ESPAÑA.

MI ESPOSA ES DE MI TIERRA; MI QUERIDA, DE PARÍS.

Darío fue muy hábil como publicista de sí mismo: siempre enfatizó las novedades que traía e hizo públicamente balances de sus logros y errores. Destacaba que él era el poeta fundador del modernismo.

Los viajes de Darío han sido realmente vastos, pero puede decirse que los momentos fundamentales de su trayecto vital se dieron en Nicaragua, Chile, España y Argentina. Tras su arribo a Buenos Aires en 1893, poco a poco fueron reuniéndose en torno suyo algunos grupos de jóvenes artistas y bohemios que lo consagraron su maestro.

Buenos Aires era entonces una ciudad más muy rica y culturalmente pujante. Los artistas se congregaban en cafés, hacían tertulias, caminaban por sus ajetreadas calles céntricas, llenas de teatros, tranvías, empleados de comercio y un crisol de bulliciosos dialectos.

Su segundo libro importante fue *Prosas profanas* (1896), considerado la encarnación de la estética modernista: abundan las imágenes míticas y exóticas (liras, cisnes, bufones, pavos reales), los ambientes aristocráticos (Versalles, el Mikado, Chipre) y los personajes artificiosos e idealizados (la divina Eulalia, la princesa en su jaula de mármol).

"LA GRITERÍA DE TRESCIENTAS OCAS NO TE IMPEDIRÁ, SILVANO, TOCAR TU ENCANTADORA FLAUTA, CON TAL DE QUE TU AMIGO EL RUISEÑOR ESTÉ CONTENTO DE SU MELODÍA. CUANDO ÉL NO ESTÉ PARA ESCUCHARTE, CIERRA LOS OJOS Y TOCA PARA LOS HABITANTES DE TU REINO INTERIOR. ¡OH PUEBLO DE DESNUDAS NINFAS, DE OSADAS REINAS, DE AMOROSAS DIOSAS!".

En *Prosas profanas* Darío realiza experimentaciones sonoras que renuevan radicalmente la prosodia de la lengua española. También inventa un paraíso artificial, repleto de símbolos, donde el sujeto poético parece quedar resguardado del sucio mundo material. Cabe decir que muchos de esos símbolos que él consideraba refinados, ya hace rato han devenido clisés y pueden resultar, en la actualidad, empalagosos o incluso intragables.

Ningún poeta hispanoamericano llevó tan a fondo como Darío la transmutación de lo natural –que era aquello que exaltaban los románticos– en artificial. En su poesía, cada imagen de la Naturaleza es inmediatamente comparada o relacionada con objetos culturales.

"LA TIERRA ES DE COLOR DE ROSA, CUAL LA QUE PINTA FRAY DOMENICO CAVALCA EN SUS VIDAS DE SANTOS. SE VEN EXTRAÑAS FLORES DE LAS FLORAS GLORIOSAS DE LOS CUENTOS AZULES."

DESPUÉS DE LEER EL EJEMPLAR DE **PROSAS PROFANAS** QUE DARÍO ME ENVIÓ, LE ESCRIBÍ UNA CARTA REPROCHÁNDOLE SU TENDENCIA A LA ARTIFICIALIDAD, LA IMPOSTURA Y LA POSE. LE CRITIQUÉ QUE NO PUSIERA SU LITERATURA AL SERVICIO DE UNA CAUSA SOCIAL, COMO HIZO MARTÍ O COMO HICE YO MISMO EN MI **ARIEL**.

En la segunda edición de *Prosas profanas*, Darío puso como prólogo esa carta en la que Rodó lo criticaba. Lo notable es que no incluyó su firma. Se puede pensar que se vengó reduciendo a lo anónimo a uno de los más famosos autores de su tiempo. A los reproches contestó con un elegante parricidio.

No sólo Rodó sino también muchos otros le habían reprochado a Darío su falta de americanismo, el hedonismo y la ausencia de compromiso con lo que pasaba en el entorno. Sin embargo, en su último libro, *Cantos de vida y esperanza* (1905), reivindicó el tema americano, declaró con orgullo el componente indígena de su sangre, y abogó por la unidad de todos los países de lengua y raíz españolas. Si bien la Madre Patria había sido antes un objeto de escarnio, ante la guerra de España contra Norteamérica (1898), los modernistas tendieron a alinearse con la primera.

LA AMÉRICA DEL GRAN MOCTEZUMA, DEL INCA, LA AMÉRICA FRAGRANTE DE CRISTÓBAL COLÓN, LA AMÉRICA CATÓLICA, LA AMÉRICA ESPAÑOLA, ESA AMÉRICA QUE TIEMBLA DE HURACANES, HOMBRES DE OJOS SAJONES Y ALMA BÁRBARA, VIVE. Y SUEÑA. Y AMA, Y VIBRA; ¡Y ES LA HIJA DEL SOL!

¿UGH?

Cantos de vida y esperanza pertenece a la última etapa del modernismo, que se conoce como "mundonovista". Se caracterizó por la valorización de las raíces hispánicas de América, y un interés explícito por lo político. Uno de sus representantes fue **José Santos Chocano** (Perú, 1867-1935), ardiente revolucionario –protector de los indios y enemigo del imperialismo estadounidense–, mediocre escritor.

La figura de Darío fue de enorme importancia para las siguientes generaciones de poetas latinoamericanos y españoles. Testimonio de ello es el encuentro entre Pablo Neruda y Federico García Lorca (España, 1898-1936). El mismo tuvo lugar en 1933 en la ciudad de Buenos Aires. Se trató de un banquete organizado por el Consulado de Chile en la Argentina. Neruda y Lorca aprovecharon el evento para dar a dúo un discurso en homenaje a Darío: "el padre americano de la lírica hispánica de este siglo".

FEDERICO, ESPAÑOL, Y YO, CHILENO, DECLINAMOS LA RESPONSABILIDAD DE ESTA NOCHE DE CAMARADAS HACIA ESA GRAN SOMBRA QUE CANTÓ MÁS ALTAMENTE QUE NOSOTROS Y SALUDÓ CON VOZ INUSITADA A LA TIERRA ARGENTINA QUE POSAMOS.

¡SALÚ!

FEDERICO GARCÍA LORCA

PABLO Y YO COINCIDIMOS EN EL IDIOMA Y EN EL GRAN POETA NICARAGÜENSE, ARGENTINO, CHILENO Y ESPAÑOL, RUBÉN DARÍO, EN CUYA GLORIA LEVANTAMOS NUESTRO VASO.

HOY QUIERO RECORDAR SUS OJOS VAGOS Y AUSENTES DE MILLONARIO DE LÁGRIMAS; Y TAMBIÉN LAS BOTELLAS DE COÑAC DE SU DRAMÁTICA EMBRIAGUEZ, Y SU MAL GUSTO ENCANTADOR.

Primeras poetas

Las principales voces femeninas de la poesía hispanoamericana en los años que siguieron al modernismo, fueron: **Juana de Ibarbourou** (Uruguay, 1895-1979), **Alfonsina Storni** (Argentina, 1892-1938) y **Gabriela Mistral** (Chile, 1889-1957). Ya antes que ellas, sin embargo, dos autoras destacables habían surgido: **Delmira Agustini** (Uruguay, 1886-1914) y **María Eugenia Vaz Ferreira** (Uruguay, 1875-1924).

"La intensa realidad de un sueño lúgubre, puso en mis manos tu cabeza muerta. Yo la apresaba como hambriento buitre..."

"Estuve en tu jaula, hombre pequeñito. Hombre pequeñito, que jaula me das."

"Ya quisiste venir audaz y altivo, envuelto en la epopeya de tus glorias, y llevarme cual pájaro cautivo... Al preciado joyel de tus trofeos, no podrás engarzar mi vida rota."

En las últimas décadas, la crítica feminista ha hecho hincapié en la condición marginal de las escritoras de la época, víctimas de una sociedad que consideraba a la mujer intelectualmente inferior y destinada a asistir a los hombres. Sus investigaciones mostraron que a veces la escritura funcionó como un espacio de reivindicación de otra imagen femenina.

La obra de Delmira Agustini constituye una de las primeras manifestaciones hispanoamericanas de una lírica mórbidamente erótica. El placer aparece en sus poemas asociado al dolor; hay alusiones sadomasoquistas, y la imagen femenina preponderante es la de una vampírica mujer que cuando ama destruye.

"EN MIS SUEÑOS DE AMOR, ¡YO SOY SERPIENTE! / GLISO Y ONDULO COMO UNA CORRIENTE; / DOS PÍLDORAS DE INSOMNIO Y DE HIPNOTISMO / SON MIS OJOS; LA PUNTA DEL ENCANTO / ES MI LENGUA... ¡Y ATRAIGO COMO EL LLANTO! / SOY UN POMO DE ABISMO."

QUIERO CREER QUE VUESTRO EROTISMO ES LA FIESTA DE VUESTRO ANHELO MATERNO.

ME IMPACTA ESA EXTRAÑA OBSESIÓN QUE TIENE USTED DE TENER ENTRE SUS MANOS, UNAS VECES LA CABEZA MUERTA DEL AMADO Y OTRAS LA DE DIOS.

MIGUEL DE **UNAMUNO**

Agustini publicó tres poemarios: *El libro blanco* (1907), *Cantos de la mañana* (1910) y *Los cálices vacíos* (1913). Mantuvo correspondencia con Rubén Darío, quien incluso prologó su último libro; y fue muy bien recibida por los miembros del *establishment* paternalista del modernismo, aunque éstos siempre tendieron a disimular su vena transgresora. Víctima de una drama pasional a tono con el patetismo de su obra, murió a los veintiséis años, asesinada por su ex esposo.

Gabriela Mistral fue una poeta sutil y una abnegada maestra que se propuso contribuir a alfabetizar a los pueblos rurales. Hay en sus versos un lado moralizante, que nace de su fe católica. Y eso explica en parte que haya sido canonizada como una suerte de vestal pedagógica. Su verdadero nombre era Lucila Godoy Alcayaga. El seudónimo que eligió surge, por un lado, del Arcángel Gabriel, y por otro, del poeta Frederic Mistral, a quien admiraba.

Mistral publicó sus primeros poemas en *Elegancia*, una revista parisina que editaba Darío. Con los años adquirió una gran presencia pública. Dio numerosas conferencias, se desempeñó como cónsul vitalicia del gobierno chileno sin sede fija, y fue además la única escritora latinoamericana cuya labor resultó distinguida con el Premio Nobel (1945).

En la década del veinte surgieron los primeros autores de vanguardia. Ellos cuestionaron los valores heredados del modernismo dariano, y ensayaron formas que quebraban drásticamente con lo anterior. Sus innovaciones reflejaban un cambio de época en la manera en que los sujetos conciben su experiencia en el mundo. Las antiguas convenciones de la poesía parecían resultar ineficaces y obsoletas en el nuevo contexto.

LAS VANGUARDIAS PRODUCEN UN CAMBIO BRUTAL EN LOS MODOS DE EXPRESIÓN POÉTICA. EL CONTEXTO DE SU SURGIMIENTO ES EL DE LA TRANSFORMACIÓN DE LA VIDA URBANA PRODUCIDA POR LA REVOLUCIÓN TECNOLÓGICA Y, SOBRE TODO, EL DE LA CRISIS QUE DESENCADENÓ LA PRIMERA GUERRA MUNDIAL (1914-1917).

La burguesía, responsabilizada de haber provocado la guerra más cruenta de la historia, fue un blanco de ataque permanente de los movimientos europeos de vanguardia (cubismo, futurismo, dadaísmo, surrealismo), cuyas ideas incidirían –sin dar nunca por resultado una réplica– en las apuestas originales de diversos artistas latinoamericanos.

Pablo Neruda/*el poeta americano*

Ricardo Neftalí Reyes (Chile, 1903-1973) –alias: **Pablo Neruda**– tuvo una vocación literaria precoz. Publicó su primer libro a los diecinueve años y en 1924 causó sensación con sus *Veinte poemas de amor y una canción desesperada*, definido por el propio autor como un volumen doloroso y pastoril que contiene sus más atormentadas pasiones adolescentes, mezcladas con la naturaleza arrolladora del sur de su patria.

La naturaleza es un elemento central en la obra de Neruda. Según el crítico Saúl Yurkievich, para Neruda la poesía es una misteriosa transferencia natural: un efluvio proveniente de abajo, de un núcleo de energía radiante del cual el poeta actúa como intermediario.

SIEMPRE AMÉ LOS LIBROS DE ZOOLOGÍA Y BOTÁNICA. CONTINUABAN MI INFANCIA. ME TRAÍAN EL MUNDO INFINITO, EL LABERINTO INACABABLE DE LA NATURALEZA. SON MIS FAVORITOS Y RARA VEZ ME DUERMO SIN MIRAR LAS EFIGIES DE ADORABLES PÁJAROS DE LAS ISLAS O INSECTOS DESLUMBRANTES Y COMPLICADOS COMO RELOJES.

LA ORIGINALIDAD DEL LÉXICO DE NERUDA, SU ADOPCIÓN DEL VOCABLO VIOLENTO Y CRUDO, CORRESPONDE EN PRIMER LUGAR A UNA NATURALEZA QUE POR SER RICA ES DESBORDANTE Y DESNUDA, Y EN SEGUNDO LUGAR A CIERTA PROFESIÓN DE FE ANTIPRECIOSISTA.

GABRIELA MISTRAL

En la obra de Neruda se homologa la relación entre poesía y naturaleza, a la del hijo con su madre. El poeta la reverencia como un fundamento sagrado, potencia primera cuyas fuerzas aspira a heredar.

Muchos opinan que la obra cumbre de Neruda es el *Canto General* (1950). Allí recrea la historia de Latinoamérica y da una versión de la conquista diferente a la oficial: sitúa el origen de la identidad latinoamericana en el período precolombino, y transfiere el valor de gesta heroica –tradicionalmente asignado a los españoles– a la defensa de los aborígenes.

Neruda consideraba que cualquier defensor del arte por el arte, por su sola indiferencia ante el pueblo sojuzgado, estaba colaborando con los explotadores.

EL COSMOPOLITISMO ARISTOCRÁTICO DEL MODERNISMO NOS HABÍA LLEVADO A REVERENCIAR EL PASADO DE LOS PUEBLOS MÁS LEJANOS Y NOS HABÍA PUESTO UNA VENDA EN LOS OJOS QUE NOS IMPEDÍA DESCUBRIR NUESTROS PROPIOS TESOROS.

LA CONQUISTA FUE UN GRAN INCENDIO. LOS CONQUISTADORES DE TODOS LOS TIEMPOS RECIBEN UN MUNDO VASTO Y RESONANTE Y DEJAN UN LUGAR CUBIERTO DE CENIZAS.

NOSOTROS LOS AMERICANOS, DESCENDIENTES DE AQUELLAS VIDAS, TENEMOS QUE EXCAVAR PARA BUSCAR DEBAJO DE LAS CENIZAS IMPERIALES LOS COLOSALES FRAGMENTOS DE LOS DIOSES PERDIDOS. IMBUIDO DE ESA FE ESCRIBÍ MI CANTO GENERAL.

Por los años en que escribió el *Canto General*, Neruda estaba comprometido con las causas del socialismo. Y afirmaba que ningún poeta tiene enemigo más fuerte que su propia incapacidad para entenderse con los más ignorados y explotados de sus contemporáneos.

MI CONTACTO CON LAS LUCHAS POPULARES IBA SIENDO CADA VEZ MÁS ESTRECHO Y COMPRENDÍ LA NECESIDAD DE CREAR UNA NUEVA POESÍA ÉPICA. LA FORMA TRADICIONAL DE LA MISMA, ES DECIR, UN POEMA RIMADO EN SIXTINAS REALES, ME PARECIÓ IMPOSIBLE PARA LOS TEMAS AMERICANOS.

POR EL CONTRARIO, PENSÉ QUE EL VERSO DEBÍA TOMAR LOS CONTORNOS DE LA TIERRA ENMARAÑADA, ROMPERSE EN ARCHIPIÉLAGO, ELEVARSE Y CAER EN LAS LLANURAS.

Probablemente, Neruda haya sido el poeta que mejor supo concretar la difícil combinación entre el llamado a la renovación formal propio de las vanguardias y el afán de cautivar a un público masivo. Decía que su ideal era "una poesía que, como el pan, pudiera ser compartida por eruditos y campesinos".

Hay también quienes piensan, con acierto, que la gran obra de Neruda no es el *Canto General*, sino los dos volúmenes de *Residencia en la Tierra* (1933 y 1935), un libro pesimista, agobiante, donde la muerte aparece una y otra vez.

"LAS NOCHES DE SUBSTANCIA INFINITA CAÍDAS EN MI DORMITORIO, / EL RUIDO DE UN DÍA QUE ARDE CON SACRIFICIO / ME PIDEN LO PROFÉTICO QUE HAY EN MÍ, CON MELANCOLÍA / Y UN GOLPE DE OBJETOS QUE LLAMAN SIN SER RESPONDIDOS / HAY, Y UN MOVIMIENTO SIN TREGUA, Y UN NOMBRE CONFUSO."

El escritor Juan Larrea señaló que los poemas de *Residencia en la Tierra* son de una elocuencia espesa y desordenada como las inundaciones. La corriente de los versos arrastra un sinfín de objetos arrancados de su lugar natural, dejando a su paso una impresión de arbitrariedad, desesperación y catástrofe. Es ahí donde se encuentra la más alta expresión del estilo de Neruda.

"Yo veo, solo, a veces, / ataúdes a vela zarpar con difuntos pálidos, con mujeres de trenzas muertas, / con panaderos blancos como ángeles, / con niñas pensativas casadas con notarios, ataúdes subiendo el río vertical de los muertos, / el río morado, hacia arriba, con las velas hinchadas por el sonido de la muerte, / hinchadas por el sonido silencioso de la muerte."

Neruda criticó *Residencia en la Tierra* debido a dos motivos: por la influencia nociva que podía tener un libro que, según él, ayudaba a morir y no a vivir; y porque le parecía que esos versos reflejaban las angustias de la subjetividad burguesa, y atentaban así contra la edificación del socialismo.

Neruda recibió el Premio Nobel, publicó más de cuarenta libros y fue traducido a decenas de idiomas. Es el poeta más leído de Hispanoamérica y uno de los más leídos del mundo. Jactancioso de la gloria obtenida, en su vejez anunciaba: "Cuando me muera van a publicar hasta mis calcetines".

Vicente Huidobro/el cerebro mágico

Decidido a abrirse paso en el mundo de las letras, **Vicente Huidobro** (Chile, 1893-1948) abandonó la limitada atmósfera literaria chilena y en 1916 se trasladó a París, donde tomó contacto con los más innovadores artistas que por aquellos años pululaban la capital francesa.

SOY UN TEMBLOR DE TIERRA. LOS SISMÓGRAFOS SEÑALAN MI PASO POR EL MUNDO. LA POESÍA CONTEMPORÁNEA EMPIEZA EN MÍ.

HUIDOBRO ATRAÍA Y CAUSABA RECHAZO POR SU OMNIPOTENCIA, SU GUSTO POR EL ESCÁNDALO Y LA VIOLENTA CONFRONTACIÓN EN TORNO A REFLEXIONES ESTÉTICAS.

A Huidobro le encantaba llamar la atención y para ello ideó todo tipo de cosas: un autosecuestro al cual presentó como represalia por la publicación de un panfleto contra el imperialismo británico; el rapto de una adolescente por cuyos favores dejó a su primera esposa; agravios al cineasta Luis Buñuel, al poeta César Moro y a Neruda, entre otros. Con el tiempo, él y Neruda se convirtieron en enemigos profesionales, cuyas batallas eran seguidas por un público que se dividía en "huidobrianos" y "nerudianos".

Además, se inmiscuyó en política: militó en la izquierda antifáscista; cubrió como corresponsal la Guerra Civil española y el Berlín del Tercer Reich –de donde volvió con un teléfono de Hitler en calidad de *souvenir*–; e incluso una vez apareció propuesto, sin ninguna chance de éxito, como candidato a presidente de Chile. También en su obra el humor y la ironía ocupan un lugar fundamental.

Si algo no tuvo Huidobro fue complejos de inferioridad. En París conoció el surrealismo, el movimiento vanguardista de más renombre entonces, y lejos de rendirle pleitesía, se dedicó sistemáticamente a refutar los supuestos en que estaba basado, y a demostrar que él había reflexionado ya antes que ellos, y con más agudeza, sobre los mismos temas.

SOBRE LA IMAGINACIÓN LOS SURREALISTAS NOS DAN COMO NOVEDAD AQUELLA DEFINICIÓN QUE DICE QUE ES LA FACULTAD MEDIANTE LA CUAL EL HOMBRE PUEDE REUNIR DOS REALIDADES DISTANTES.

ESA DEFINICIÓN LA DI EN MI LIBRO **PASANDO Y PASANDO** EN 1913, NO COMO INVENTADA POR MÍ, SINO COMO LA QUE UNO ENCUENTRA EN CUALQUIER TEXTO DE RETÓRICA QUE NO SEA MUY MALO.

Pasando y pasando es un erizado alegato contra la Iglesia, la rutina y el cliché, que Huidobro publicó cuando joven. Su padre, un influyente señor de la aristocracia chilena, mandó a quemar la edición completa.

¿QUIÉN DEMONIOS ES ESTE IRREVERENTE?

CREO QUE ES UN POETA SUDAMERICANO...

PERET

BRETON

OFICINA DE INVESTIGACIONES SURREALISTAS

Huidobro pensaba que el poeta debe tener plena conciencia de su actividad durante el acto creativo. Y en defensa de ese riguroso placer, rechazaba toda fórmula que concibiese al escritor como un médium que anotaría, automáticamente, lo primero que su inspiración, su inconsciente, los dioses o lo que fuera le dictan.

Huidobro fue fundador de un movimiento bautizado "creacionis-mo" (1918), que se caracterizó por el rechazo de la mímesis, lo sentimental, lo íntimo. Su influencia fue decisiva para la poesía de vanguardia en España, y en particular para el surgimiento del grupo de poetas "ultraístas", liderado por Cansinos-Assens.

LA POESÍA HA DE SER CREADA POR EL POETA CON TODA LA FUERZA DE SUS SENTIDOS MÁS DESPIERTOS QUE NUNCA. EL POETA TIENE UN PAPEL ACTIVO Y NO PASIVO EN LA COMPOSICIÓN. DEBEMOS LOGRAR QUE NUESTRO MECANISMO INTELECTUAL SE TRADUZCA EN UN IMPULSO CONQUISTADOR DE INFINITO.

RETRÓGRADOS. YO YA HE PENSADO MUCHO ANTES Y MEJOR EN ESTAS COSAS.

Gran lector de Charles Baudelaire (Francia, 1821-1867) y Arthur Rimbaud (Francia, 1854-1891), Huidobro resaltaba la importancia del intelecto en la creación.

Huidobro concebía al artista como un demiurgo destinado a crear un mundo superior al dado.

La idea del artista como creador absoluto se la había sugerido –explicaba– un viejo poema indígena de Sudamérica que dice así: "El poeta es un dios; no cantes a la lluvia, poeta, haz llover".

Su principal libro se titula *Altazor* (1931) y está conformado por un único, extenso poema. Se inicia con reflexiones del yo lírico en torno al acto creativo, y lentamente se va desgranando hasta que la gramática queda convertida en astillas. El registro de la percepción, antes sujeto a puntos de referencia estables, se vuelve cambiante, veloz, fragmentario.

LOS VERDADEROS POEMAS SON INCENDIOS. LA POESÍA SE PROPAGA POR TODAS PARTES, ILUMINANDO SUS CONSUMACIONES CON ESTREMECIMIENTOS DE PLACER O DE AGONÍA. AH, SOY ALTAZOR, EL GRAN POETA. YO HABLO EN UNA LENGUA MOJADA EN MARES NO NACIDOS.

HUIDOBRO ES APENAS UN CEREBRO SANGRANTE. YO, EN CAMBIO, UN PECHO CALIENTE.

Huidobro es padre de la línea más elitista y cerebral de las vanguardias. A diferencia de la de Neruda, esa línea defiende la autonomía del arte y critica su subordinación a una finalidad política, e insiste en que el acto creativo no debe ser una expresión espontánea, sino una labor altamente razonada. A pesar de la ingenuidad de algunas de sus concepciones, su validez ha persistido en el tiempo y ha tendido a imponerse en poetas de generaciones posteriores.

Oliverio Girondo/el agitador

En febrero de 1924 nació en Buenos Aires la revista *Martín Fierro* (1924-1927), integrada por un grupo de jóvenes artistas –**Jorge Luis Borges**, **Macedonio Fernández**, **Leopoldo Marechal** (Argentina, 1900-1970), **Carlos Mastronardi** (Argentina, 1901-1976), **Raúl González Tuñón** (Argentina, 1905-1974), entre otros–. En el cuarto número apareció el "Manifiesto", redactado por el poeta **Oliverio Girondo** (Argentina, 1891-1967). Allí decía:

FRENTE A LA IMPERMEABILIDAD HIPOPOTÁMICA DEL HONORABLE PÚBLICO. FRENTE A LA FUNERARIA SOLEMNIDAD DEL HISTORIADOR Y DEL CATEDRÁTICO QUE MOMIFICA CUANTO TOCA, "MARTÍN FIERRO" SABE QUE TODO ES NUEVO BAJO EL SOL, SI TODO SE MIRA CON UNAS PUPILAS ACTUALES Y SE EXPRESA CON UN ACENTO CONTEMPORÁNEO.

Grandes polemistas, agitadores culturales, críticos impertinentes de toda obra que utilizara recursos demasiado gastados por su uso, los "martinfierristas" llevaron a cabo una tarea de modernización de invaluable importancia. Borges era entonces difusor del "ultraísmo" –movimiento que se proponía reducir la poesía a su elemento esencial: la metáfora–, y un feroz e implacable detractor de Lugones y Darío.

De todos los miembros del grupo, Girondo fue quien más fiel permaneció a los ideales de la vanguardia a través de los años. Su poesía contrastaba mucho con la de Borges: mientras ésta era de clima nostálgico y tono elegíaco, la otra ostentaba un gusto eufórico por la novedad.

¿NO ES LO COTIDIANO UNA MANIFESTACIÓN ADMIRABLE Y MODESTA DE LO ABSURDO? Y CORTAR LAS AMARRAS LÓGICAS, ¿NO IMPLICA LA ÚNICA Y VERDADERA POSIBILIDAD DE AVENTURA?

LA EFICACIA DE GIRONDO ME ASUSTA. DESDE LOS ARRABALES DE MI VERSO HE LLEGADO A SU OBRA, DESDE ESE LARGO VERSO MÍO DONDE HAY PUESTAS DE SOL Y VEREDITAS Y UNA VAGA NIÑA QUE ES CLARA JUNTO A UNA BALAUSTRADA CELESTE.

LO HE MIRADO TAN HÁBIL PARA DESGAJARSE DE UN TRANVÍA EN PLENA LARGADA, Y PARA RENACER SANO Y SALVO ENTRE UNA AMENAZA DE *KLAXON* Y UN APARTARSE DE VIANDANTES, QUE ME HE SENTIDO PROVINCIANO JUNTO A ÉL...

Los primeros libros de Girondo registraron la acelerada modernización urbana. Se destaca en ellos su entusiasta capacidad de percibir el mundo exterior como una revelación permanente: una mirada extrañada ante las cosas triviales, y la invitación a ver de un modo asombroso los paisajes, escenas y elementos callejeros. "El arte no debe ser una forma elegante de escamotear la vida –afirmaba–, sino la posibilidad de vivirla más intensamente".

La publicación de su irreverente libro *Veinte poemas para ser leídos en el tranvía* (1920), es uno de los hitos que marcan el nacimiento de la vanguardia en Latinoamérica y, desde ya, en la Argentina.

"En la terraza de un café hay una familia gris. Pasan unos senos bizcos buscando una sonrisa sobre las mesas. El ruido de los automóviles destiñe las hojas de los árboles. En un quinto piso, alguien se crucifica al abrir de par en par una ventana..."

—Oliverio Girondo,
de "Apunte callejero",
Veinte poemas para ser leídos en el tranvía

GIRONDO ES UN VIOLENTO. MIRA LARGAMENTE LAS COSAS Y DE GOLPE LES TIRA UN MANOTÓN. LUEGO LAS ESTRUJA, LAS GUARDA. NO HAY VENTURA EN ELLOS, PUES EL GOLPE NUNCA SE FRUSTRA.

En *Calcomanías* (1925), su segundo libro, continuó su trabajo con técnicas de fragmentación de los objetos que pueden relacionarse con los modos de composición de la pintura cubista.

Con *Espantapájaros* (1932) consolida una obra netamente diferenciada de las de todos los poetas argentinos de su tiempo, atados todavía a numerosas convenciones del género poético. El libro se abre con un caligrama en homenaje formal a Guillaume Apollinaire (1880-1938).

Yo no sé nada
Tú no sabes nada
Ud. no sabe nada
Él no sabe nada
Ellos no saben nada
Ellas no saben nada
Uds. no saben nada
Nosotros no sabemos nada.
La desorientación de mi generación tiene su explicación en la dirección de nuestra educación, cuya idealización de la acción, era —¡sin discusión!— una mistificación, en contradicción con nuestra propensión a la meditación, a la contemplación y a la masturbación. (Gutural, lo más guturalmente que se pueda.) Creo que creo en lo que creo que no creo. Y creo que no creo en lo que creo que creo.

"Cantar de las ranas"

¡Y	¡Y	¿A	¿A	¡Y	¡Y
su	ba	llí	llá	su	ba
bo	jo	es	es	bo	jo
las	las	tá?	tá?	las	las
es	es	¡A	¡A	es	es
ca	ca	quí	cá	ca	ca
le	le	no	no	le	le
ras	ras	es	es	ras	ras
arri	aba	tá	tá	arri	aba
ba!...	jo!...	!...	!...	ba!...	jo!...

La escritura de Girondo es exaltada, agresiva, espasmódica. En el plano ideológico, resultó también la más extrema entre los "martinfierristas": atentó contra los códigos morales, sociales y religiosos de la época.

En *Persuasión de los días* (1942) se mantiene el carácter radical de la apuesta, pero el tono cambia. Ya no predomina el humor insolente sino un clima de hastío, angustia, decepción.

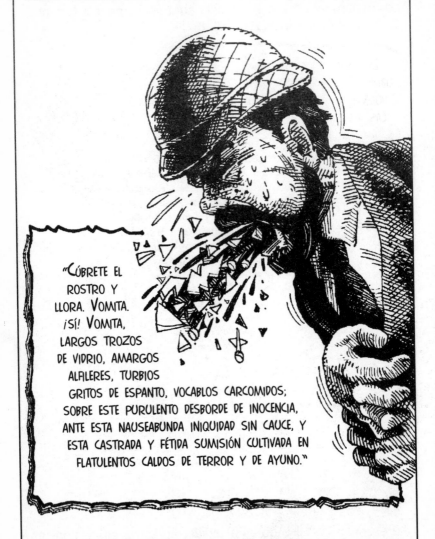

"Cúbrete el rostro y llora. Vomita. ¡Sí! Vomita, largos trozos de vidrio, amargos alfileres, turbios gritos de espanto, vocablos carcomidos; sobre este purulento desborde de inocencia, ante esta nauseabunda iniquidad sin cauce, y esta castrada y fétida sumisión cultivada en flatulentos caldos de terror y de ayuno."

Corrían los años de la Segunda Guerra Mundial y, en el contexto argentino, los de la llamada "década infame", que siguió al golpe militar del General José Félix Uriburu en 1930.

En 1954 irrumpió *En la masmédula*, un libro que ni siquiera los propios amigos escritores de Girondo supieron entender y valorar, y que sigue aún hoy sin poder ser del todo asimilado.

El prestigioso poeta **Enrique Molina** (Argentina, 1910-1996), prologuista de la edición póstuma de las *Obras Completas* de Girondo, señala que el experimentalismo de *En la masmédula* avanza hacia una profunda exploración de las relaciones entre sentido y sonido, guiado por una mirada que le "exige a cada cosa y a cada hombre sus posibilidades extremas de incandescencia y de furor".

> "oh su rocío
> qué limbo
> ízala tú mi tumba
> así
> ya en ti mi tea
> toda mi llama tuya
> destiérrame letea
> lava ya emana el alma
> te hisopo
> toda mía
> ay
> entremuero vida
> me cremas te edenizo".

En la masmédula ES UN LIBRO POR COMPLETO INSÓLITO Y QUEDARÁ SIEMPRE SOLITARIO E IMPREVISIBLE, DEL MISMO MODO QUE QUEDARÁ SIEMPRE ÚNICO, PUES ES IMPOSIBLE CONTINUARLO.

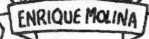

ENRIQUE MOLINA

YA ERA HORA DE QUE ALGUIEN VALORARA MIS MEJORES POEMAS.

César Vallejo/un latido vital y sincero

César Vallejo (Perú, 1893-1938) es poseedor de una de las voces más originales en lengua española. Su primer libro, *Los heraldos negros* (1918), muestra ya su concepción del ser humano como una criatura dolorosa, desgarrada por las injusticias del mundo. En esos poemas se advierte aún la influencia del modernismo -la sombra de Herrera y Reissig, Lugones, Darío-, pero también los primeros atisbos de una entonación inconfundiblemente suya.

"YO NACÍ UN DÍA QUE DIOS ESTUVO ENFERMO."

A la lírica embellecedora del mundo, Vallejo le opone un registro de la mala vida, la brutalidad, la fealdad, lo inarmónico. Sus versos se desentienden de todas las fórmulas idealizantes de la escritura poética.

Trilce (1922) es el libro más extremo de Vallejo, y una obra capital en la historia de la poesía hispanoamericana. La ruptura del orden sintáctico y de las reglas de concordancia dan por resultado unos versos que parecen escritos en una lengua nueva.

"Y sólo yo me voy quedando, / con la diestra, que hace por ambas manos, / en alto, en busca de terciario brazo / que ha de pupilar, entre mi dónde y mi cuándo, / esta mayoría inválida de hombre".

—César Vallejo, de "Poema XVIII", *Trilce*

VALLEJO ABANDONA EN **TRILCE** TODOS LOS TRUCOS BONITOS DE LA POESÍA. **A**TROFIA EL LENGUAJE, LO DA VUELTA, LO AMASA, LO APELOTONA, LO ESTIRA, Y LO DERROTA.

TRILCE SE PUBLICÓ DOS AÑOS ANTES DE QUE NACIERA EL SURREALISMO. **C**ONTRADICIENDO LAS CRONOLOGÍAS, **V**ALLEJO HIZO DE **A**NDRÉ **B**RETON UN PRECURSOR SUYO.

Si bien es un libro por completo innovador, *Trilce* carece del acento cosmopolita asociado a las vanguardias. Su imaginario está ligado a realidades como el espacio rural, la familia, lo autóctono. El pensador **José Carlos Mariátegui** (Perú, 1894-1930), fundador del Partido Comunista Peruano, ha señalado que hay en Vallejo un americanismo genuino: "ni descriptivo ni localista, pues Vallejo nunca recurre al folclore".

EN VALLEJO SE ENCUENTRA, POR PRIMERA VEZ EN NUESTRA LITERATURA, UN SENTIMIENTO INDÍGENA VIRGINALMENTE EXPRESADO. UNO DE LOS RASGOS MÁS CLAROS ME PARECE SU ACTITUD DE NOSTALGIA. SE DICE QUE LA TRISTEZA DEL INDIO NO ES SINO LA NOSTALGIA. Y BIEN, VALLEJO ES ACENDRADAMENTE NOSTÁLGICO. TIENE LA TERNURA DE LA EVOCACIÓN.

ADEMÁS, HAY EN SU POESÍA EL PESIMISMO DEL INDIO. SU HESITACIÓN, SU INQUIETUD, SU PREGUNTA, SE RESUELVEN ESCÉPTICAMENTE EN UN "¿PARA QUÉ?". EN ESE PESIMISMO SE ENCUENTRA SIEMPRE UN FONDO DE PIEDAD HUMANA.

"Y HEMBRA ES EL ALMA DE LA AUSENTE. Y HEMBRA ES EL ALMA MÍA."

Después de la radical experiencia de *Trilce*, Vallejo pasó un tiempo sin escribir poesía. En ese lapso produjo varias narraciones; sacó dos números de una revista junto a Huidobro, Gerardo Diego (1896-1987) y otros; integró comités políticos y tomó partido por el comunismo y la República Española.

"POR ENTRE MIS PROPIOS DIENTES SALGO HUMEANDO, DANDO VOCES, PUJANDO, BAJÁNDOME LOS PANTALONES..."

"CÉSAR VALLEJO HA MUERTO, LE PEGABAN TODOS SIN QUE ÉL LES HAGA NADA; LE DABAN DURO CON UN PALO Y DURO."

Los textos reunidos bajo el nombre de *Poemas Humanos* (1939), así como *Poemas en prosa* y *España, aparta de mí este cáliz* (1940), fueron publicados en forma póstuma por su esposa Georgette Philipart.

Vallejo no era afecto a dar explicaciones sobre su poesía, y tampoco simpatizaba en absoluto con el carácter programático de los manifiestos artísticos. Polemizando con las vanguardias de su época, escribió unos pocos y muy lúcidos artículos.

A diferencia de Girondo, Vallejo no creía que fuese necesario hablar en la poesía de temas novedosos para ser moderno. A diferencia de Neruda, no creía que fuese necesario hablar directamente de política para que ésta vibrase en ella; ni que lo fuese hablar de América para hacer una poesía americana. Por eso, sus versos son modernos, políticos y americanos, de un modo completamente singular.

Juan "ele" Ortiz / delicias del margen

Juan L. Ortiz (Argentina, 1896-1978) eligió quedarse al margen para construir allí un centro de armonía. Toda su vida se mantuvo aislado de los círculos literarios oficiales y del circuito comercial de la literatura, cuyos prosaicos criterios lo impulsaron a editar y distribuir por sí mismo sus libros.

Ortiz produjo toda su poesía aislado en una pequeña ciudad de la provincia de Entre Ríos, cercana a un río llamado Gualeguay. Durante un largo tiempo la crítica lo archivó bajo el rótulo de "poeta regional", y su obra permaneció relegada hasta los años setenta, cuando empezó a reconocérsele el lugar que sin duda le corresponde.

La magia de los textos de Ortiz emana de una contemplativa mirada de adoración del entorno natural. Su lírica tiene afinidad con la de los simbolistas belgas y con la poesía china.

"MI VOZ ES OPACA Y SIN BRILLO Y VALE POCA COSA PARA REFORZAR UN CORO. SIN EMBARGO ME SIRVE MUY BIEN PARA REZAR YO SOLO BAJO EL CIELO AZUL."

El escritor **Juan José Saer** ha destacado la importancia del paisaje en su obra: "Para Juan, el paisaje es enigma y belleza, pretexto para preguntas y no para exclamaciones, fragmento del cosmos por el que la palabra avanza sutil y delicada, adivinando en cada rastro o vestigio, aun en los más diminutos, la gracia misteriosa de la materia".

El tono piadoso y la cósmica amplitud de sus versos se advierten ya en los títulos de algunos de sus libros: *El agua y la noche* (1933), *El álamo y el viento* (1947), *La mano infinita* (1951), *El alma y las colinas* (1956) o *La brisa profunda* (1954), que incluye el renombrado poema narrativo "Gualeguay", de casi seicientos versos y que condensa los núcleos de su poética.

En la poesía de Ortiz, el estado de armonía y plenitud que suscita la percepción del paisaje, convive con una percepción dolorida de las injusticias que rigen la vida social. El escándalo de la pobreza, el horror de la guerra, el desamparo de las criaturas, perturban la contemplación de un mundo que es, al mismo tiempo, una fuente inagotable de belleza.

Los herederos

La herencia que dejaron las vanguardias fue reelaborada por una generación posterior de maestros. Se destacan, entre otros, **José Lezama Lima** (Cuba, 1910-1976), **Octavio Paz** (México, 1914-1998) y **Juan Gelman** (Argentina, 1930).

José Lezama Lima / el barroco de Cuba

Poeta, ensayista y novelista, José Lezama Lima fue un líder literario de inmensa relevancia. Fundó la revista *Verbum* (1937-1939) y estuvo al frente de *Orígenes* (1944-1946), la más trascendente de las revistas cubanas de literatura. Obeso y asmático –aunque imparable fumador de puros–, supo congregar en torno suyo a escritores como **Cintio Vitier**, **Eliseo Diego** (Cuba, 1920-1993), **Virgilio Piñera** (Cuba, 1912-1979) y **Fina García Marruz**.

ORÍGENES REUNÍA A UN GRUPO DE ESCRITORES QUE SE UBICABAN AL MARGEN DEL RÉGIMEN DEL DICTADOR FULGENCIO BATISTA, Y QUE SE OPONÍAN A LA CULTURA OFICIAL QUE PROMULGABA EL *AMERICAN WAY OF LIFE*. CONOCEDOR PROFUNDO DE GÓNGORA, PLATÓN, LOS POETAS ÓRFICOS Y LOS FILÓSOFOS GNÓSTICOS, LEZAMA COMPENDIÓ SU VIDA EN EL AMOR A LOS LIBROS.

SÓLO LO DIFÍCIL ES ESTIMULANTE.

BAH!

Gastón Baquero (Cuba, 1918-1997), poeta y amigo de Lezama Lima, decía que este homosexual casto perseguía de lejos al guapo acomodador de un cine habanero al tiempo que el padre Ángel Gaztelu (Cuba, 1914), poeta también del círculo de *Orígenes*, dirigía el rezo del rosario en el saloncito de la casa donde el autor leía, escribía y soñaba junto a su querida madre.

Su primer libro fue *La Muerte de Narciso* (1937), difícil y por ende estimulante, como toda su ambiciosa obra.

"AH, QUE TÚ ESCAPES EN EL INSTANTE EN EL QUE YA HABÍAS ALCANZADO TU DEFINICIÓN MEJOR.
AH, MI AMIGA, QUE TÚ NO QUIERAS CREER LAS PREGUNTAS DE ESA ESTRELLA RECIÉN CORTADA, QUE VA MOJANDO SUS PUNTAS EN OTRA ESTRELLA ENEMIGA."

La muerte de Narciso fue, antes que su primer poemario, un cuadro de estilo barroco francés realizado por el pintor Nicolas Poussin en 1627. El título no es aleatorio, ya que Lezama Lima es el mayor ideólogo del barroco americano del siglo xx.

Sus ideas sobre el barroco pueden encontrarse en su obra ensayística, especialmente en el ciclo de conferencias dictadas en 1957 en el Instituto Nacional de la Cultura en La Habana y recopiladas en el libro *La expresión americana*.

EL BARROCO AMERICANO ES RESULTADO DE LA SIMBIOSIS CULTURAL PRODUCIDA POR LOS DISTINTOS ELEMENTOS HISPÁNICOS, AFRICANOS, INDÍGENAS Y LUSITANOS DE AMÉRICA. PERTENECE EN ESENCIA A UN SUJETO REBELDE, QUE NO ASIMILÓ PASIVAMENTE, SINO EN FORMA ACTIVA, AQUELLO QUE QUERÍAN IMPONER LAS CULTURAS EXTRANJERAS.

EL MULTICULTURALISMO RESULTA, PUES, CONSUSTANCIAL A LA CONFORMACIÓN SINCRÉTICA Y REBELDE DEL BARROCO AMERICANO.

EL BARROCO, QUERIDOS, ES EL ARTE DE LA CONTRA-CONQUISTA.

...rincipal obra de Lezama Lima es la novela *Paradiso* ...6), extenso texto donde confluye toda su búsqueda. Por su incorporación de la sexualidad homosexual como tema, fue recibida con recelo en la Cuba socialista; pero logró difundirse por una decisión de Fidel Castro y la defensa que de ella hicieron "un grupo de excepcionales lectores": Octavio Paz, Julio Cortázar y Mario Vargas Llosa.

El libro tiene, en efecto, una reverberación religiosa, ligada a la visión teológico-esotérica que su autor tuvo de la literatura y de la vida.

Paradiso cuenta la vida del cubano José Cemí y se presenta como un relato de aprendizaje. Lezama la definió como un "Wilhelm Meister habanero", haciendo alusión a la famosa novela de Goethe (Alemania, 1749-1832). Sin embargo, no hay que creerle porque su estructura, y en particular su desarrollo no lineal, su hermetismo, su desmesura, la distancian para siempre de ese género.

YO NO ME HE CONSIDERADO NUNCA UN NOVELISTA. EL POEMA HA SIDO SIEMPRE MI FORMA DE EXPRESIÓN, PERO LLEGÓ UN MOMENTO EN QUE EL POEMA SE IBA CONFIGURANDO EN NOVELA.

HABÍA PERSONAJES QUE ACTUABAN COMO METÁFORAS Y SE ENTRELAZABAN Y SE DIVERSIFICABAN, ENTONCES COMPRENDÍ QUE DEBÍA ESCRIBIR UNA GRAN NOVELA QUE FUERA UN GRAN POEMA.

Paradiso es al mismo tiempo narrativa, poesía y ensayo. Se encuentra entre las obras más atípicas y deslumbrantes que se hayan escrito en Hispanoamérica.

Lezama Lima concibe la poesía como un instrumento de conocimiento mediante la imagen. A partir de la poderosa y oscura sugestión de las cosas reales, el poeta completa, mediante la creación, la otra mitad, invisible, del arco que ellas inician. El poeta se define entonces como engendrador de lo posible: "guardián de la sustancia de lo inexistente".

NUESTRO BARROCO ES DE LENGUAJE "PINTURERO": ESTRIDENTE, ABIGARRADO Y CAÓTICO.

JOSÉ CEMÍ ES EL HOMBRE QUE BUSCA EL CONOCIMIENTO A TRAVÉS DE LA IMAGEN, O SEA, EL POETA. MI LITERATURA SE FUNDA EN UNA CONCEPCIÓN DEL MUNDO COMO IMAGEN Y DE LA IMAGEN COMO UN ABSOLUTO: LA SECRECIÓN SUPREMA DEL ESPÍRITU HUMANO EN BUSCA DE LA REALIDAD DEL MUNDO INVISIBLE.

LEZAMA TUVO INFLUENCIA EN NUMEROSOS ESCRITORES, COMO ES EL MI CASO O EL DE SEVERO SARDUY.

NÉSTOR PERLONGHER

SEVERO SARDUY

El fundamento de su escritura no son las ideas sino las imágenes. Incluso en sus ensayos, Lezama descarta la claridad de la argumentación racionalista y elige expresarse a través de la fuerza oscura de la metáfora.

Octavio Paz / tras la unidad esencial

Octavio Paz publicó su primer poema en 1931; y ese mismo año participó en la fundación de una revista estudiantil, comienzo de su colaboración en muchas otras: *Cuadernos del Valle de México* (1933-34), *Taller poético* (1936-1938), *Taller* (1938-41), *El hijo pródigo* (1943-46), *Plural* (1971-76) y *Vuelta* (1976).

Y AHORA VAS A ESCUCHAR UN POEMA DE *LIBERTAD BAJO PALABRA*: "LA TARDE CIRCULAR ES YA BAHÍA: EN SU QUIETO VAIVÉN SE MECE EL MUNDO. TODO ES VISIBLE Y TODO ES ELUSIVO, TODO ESTÁ CERCA Y TODO ES INTOCABLE. LOS PAPELES, EL LIBRO, EL VASO, EL LÁPIZ, REPOSAN A LA SOMBRA DE SUS NOMBRES".

En *Libertad bajo palabra* (1949), un hito en su obra, la tradición hispánica se mezcla con la anglosajona a través de T. S. Eliot (EE.UU., 1888-1965), Cummings (EE.UU., 1894-1962) y Ezra Pound (EE.UU., 1885-1972); con la francesa, por la vía de Mallarmé y el surrealismo; y con la oriental, debido a la asimilación del haiku, poema japonés de diecisiete sílabas, en cuyas bondades Paz se introdujo mediante el excelente escritor José Juan Tablada.

Paz encontró en el surrealismo un puente que lo unía al gran linaje romántico y simbolista y que, simultáneamente, le ofrecía un camino de revelación y subversión más interesante a su juicio que el del existencialismo, que era la moda en su época.

AL SURREALISMO LE DEBO ALGO MÁS QUE UNA POÉTICA Y UNA ESTÉTICA. LE DEBO UNA MORAL, UNA VISIÓN DEL MUNDO Y, MÁS QUE UNA IDEA, UNA SENSIBILIDAD, UNA MANERA DE VER, SENTIR Y VIVIR LAS IDEAS.

EN POLÍTICA, LE DEBO LA REVALORACIÓN DE LA TRADICIÓN LIBERTARIA Y ANARQUISTA, FUENTE DE SALUD FRENTE A LAS TENDENCIAS DE LA IZQUIERDA Y LA DERECHA EN NUESTRO SIGLO.

Para Paz, el valor del surrealismo no se encuentra en las propuestas de la aventura onírica o la escritura automática, sino en su concepción de la poesía como creadora de realidades, sostenida en los bastiones del erotismo, la libertad y la búsqueda de unión entre los contrarios.

Paz consideraba que la experiencia de la poesía es un reencuentro con la unidad original de la que habría sido expulsado el ser humano. Del mismo modo que el momento de fusión erótica constituiría una salida del tiempo de la sucesión, y la posibilidad de esa plenitud que encarna en el presente puro del instante.

"amenazado por la algarabía
de la muerte vivaz y enmascarada
el instante se abisma y se penetra,
como un puño se cierra, como un fruto
que madura hacia dentro de sí mismo
y a sí mismo se bebe y se derrama."

–Octavio Paz, de "VII", *Piedra de sol*

PARA PAZ, EL POEMA CORPORIZA LA INTENSIDAD DEL INSTANTE: TIEMPO DE LA REVELACIÓN, PERO DE UNA REVELACIÓN FUGAZ, QUE SE DA Y ENSEGUIDA SE SUSTRAE, DESAPARECE. POR ESO CONSTITUYE UN TRIUNFO Y UN FRACASO A LA VEZ.

Una idea que recorre su obra es la de reconciliación. El individuo aparece concebido como carencia de otro y nostalgia de comunión. Las religiones, el amor, la poesía, no serían sino formas de reanudar esa supuesta unidad primigenia. En 1990, al recibir el Premio Nobel, dijo:

EL SENTIMIENTO DE SEPARACIÓN ES UNIVERSAL. NACE EN EL MOMENTO MISMO DE NUESTRO NACIMIENTO: DESPRENDIDOS DEL TODO CAEMOS EN UN SUELO EXTRAÑO; Y ESTA EXPERIENCIA SE CONVIERTE EN UNA LLAGA QUE NUNCA CICATRIZA.

TODAS NUESTRAS EMPRESAS Y ACCIONES, TODO LO QUE HACEMOS Y SOÑAMOS, SON PUENTES PARA ROMPER LA SEPARACIÓN Y UNIRNOS AL MUNDO Y A NUESTROS SEMEJANTES.

ELENA GARRO

Paz fue un excelente ensayista y divulgador. Millones de personas leían sus comentarios culturales y políticos en la prensa de varios países latinoamericanos. Pensaba al intelectual como una figura que tiene el deber de ejercer una tarea crítica, pero reprobaba su participación directa en tareas de transformación social. En 1945 ingresó en el servicio diplomático, y entre 1962 y 1968 fue Embajador en la India.

Paz funcionó en la cultura mexicana como un punto de conciliación entre la poesía pura –identificada con el grupo de la revista *Contemporáneos* (1928-1931)– y la poesía comprometida que demandaban los existencialistas, siguiendo a Jean Paul Sartre (Francia, 1905-1980). *Piedra de sol* (1957), *La estación violenta* (1958), *Blanco* (1967), *Discos visuales* (1968), *Pasado en claro* (1975) e *Hijos del aire* (1979), son algunos de sus muchos poemarios.

La creencia de Paz en la condición bipolar de todo lo que existe y en el anhelo de trascender esa escisión, aparece insistente en cada uno de sus libros. También, su concepción de la poesía como un puente de regreso al tiempo anterior a las separaciones.

"LAS MÁSCARAS PODRIDAS, QUE DIVIDEN AL HOMBRE DE LOS HOMBRES, AL HOMBRE DE SÍ MISMO, SE DERRUMBAN, POR UN INSTANTE INMENSO Y VISLUMBRAMOS, NUESTRA UNIDAD PERDIDA, EL DESAMPARO, QUE ES SER HOMBRES, LA GLORIA QUE ES SER HOMBRES."

Su teoría poética puede leerse en *El arco y la lira* (1956). Otros de sus libros de ensayo son: *El laberinto de la soledad* (1950), centrado en la nacionalidad mexicana; *Los hijos del limo* (1974), en el que aborda el tema de las vanguardias; y *Sor Juana Inés de la Cruz o Las trampas de la fe* (1983), polémica interpretación de una de las mayores poetas en lengua española.

Juan Gelman / la forma de la ternura

La obra de Juan Gelman formó parte de una ruptura con la concepción rimbombante de la poesía que había sido regla a partir de Neruda. Descreído del viejo prestigio de la grandilocuencia, Gelman escribió en un tono coloquial que combinó con temáticas de sesgo político, como se advierte ya en los títulos de algunos de sus primeros poemas ("Oración de un desocupado", "Niños: Corea 1952", "Huelga en la construcción", "La inundación", etc.) En su juventud creó el grupo literario "El pan duro", del que participaba, entre otros, la notable poeta Juana Bignozzi (Argentina, 1937).

A MEDIADOS DE LOS AÑOS CINCUENTA, GELMAN Y OTROS POETAS DE IZQUIERDA, COMO ERNESTO CARDENAL (NICARAGUA, 1925) O ROQUE DALTON (EL SALVADOR, 1933-1975), COMENZARON A APOSTAR POR UNA LÍRICA DE LO COTIDIANO Y LO SOCIAL.

"SENTADO AL BORDE DE UNA SILLA DESFONDADA, MAREADO, ENFERMO, CASI VIVO, ESCRIBO VERSOS PREVIAMENTE LLORADOS POR LA CIUDAD DONDE NACÍ."

El habla poética de Gelman se fue complejizando con los años, hasta terminar de delinear su acento dulcemente personal. Los procedimientos que la caracterizan son la ausencia de puntuación, la proliferación de barras diagonales que cesuran, las preguntas, los diminutivos, la prescindencia de las mayúsculas, los neologismos y la presencia constante de ciertas palabras relacionadas con el cuerpo.

"HA MUERTO UN HOMBRE Y ESTÁN JUNTANDO SU SANGRE EN CUCHARITAS, QUERIDO JUAN, HAS MUERTO FINALMENTE. DE NADA TE VALIERON TUS PEDAZOS MOJADOS EN TERNURA."

"CÓMO HA SIDO POSIBLE QUE TE FUERAS POR UN AGUJERITO Y NADIE HAYA PONIDO EL DEDO PARA QUE TE QUEDARAS."

Sus primeros libros evidencian la influencia que tuvo sobre él el tango –de hecho, el más famoso de ellos se titula *Gotán* (1962)– y la poesía de González Tuñón. En su obra posterior realizó trabajos intertextuales, valiéndose de poetas tan diversos como Edgar Lee Masters (EE.UU., 1869-1950), presente en *Poemas de Sidney West* (1969), o Santa Teresa (1515-1582), quien ocupa un principalísimo lugar en *Citas y comentarios* (1982). Este último volumen lo escribió mientras se hallaba exiliado, debido a la persecusión que, como militante de una organización revolucionaria, sufrió durante el terrorismo de Estado en la Argentina (1976 a 1983).

"Bendito seas dolor que parió este amor áspero de tiempo... Criaturas de quietud o paz grandísima como tus manos donde huele olor a espanto que pasó / como escribido en las paredes descuidadas de la muerte que pasaba a pie por calles donde toda infancia era escondida."

El yo lírico de Gelman es intimista y posee el "latido vital y sincero" que reclamaba su maestro, César Vallejo.

Gelman apela a menudo al vocabulario y la ortografía infantiles, un procedimiento que refuerza la irresistible emotividad de sus versos.

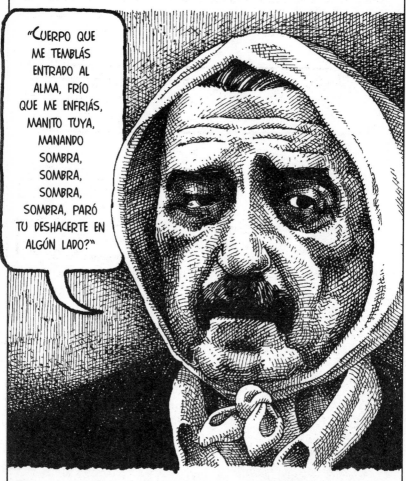

"CUERPO QUE ME TEMBLÁS ENTRADO AL ALMA, FRÍO QUE ME ENFRIÁS, MANITO TUYA, MANANDO SOMBRA, SOMBRA, SOMBRA, SOMBRA, PARÓ TU DESHACERTE EN ALGÚN LADO?"

Su obra celebra el amor y la infancia, al tiempo que registra los años de militancia, las duras vivencias del exilio y el exterminio de personas durante la última dictadura militar en su país. Las frecuentes referencias a seres queridos alcanzan un punto de máxima tensión en el poema citado, cuyo interlocutor es su hijo desaparecido.

Fina García Márruz / la belleza tranquila

Fina García Márruz (Cuba, 1923) perteneció al grupo de *Orígenes* junto a su esposo Cintio Vintier. Desde 1962 trabajó como investigadora literaria y desde su fundación, en 1977, hasta 1987 perteneció al Centro de Estudios Martianos.

> AMA LA SUPERFICIE CASTA Y TRISTE. LO PROFUNDO ES LO QUE SE MANIFIESTA. LA PLAYA LILA, EL TRAJE AQUEL, LA FIESTA POBRE Y DICHOSA DE LO QUE AHORA EXISTE.

> SI MIS POEMAS TODOS SE PERDIESEN LA PEQUEÑA VERDAD QUE EN ELLOS BRILLA PERMANECERÍA IGUAL EN ALGUNA PIEDRA GRIS JUNTO AL AGUA, O EN UNA VERDE HIERBA.

Su poesía es sobria y esperanzada, de impronta católica. Alejado de todo preciosismo o rebuscamiento, su estilo encuentra tranquilamente la belleza en los elementos más simples.

NUNCA HE SENTIDO LA BELLEZA COMO UNA CUALIDAD QUE PUEDAN TENER O NO TENER LAS COSAS, SINO COMO SU ESENCIA CONSTANTE SOSTENIÉNDOLAS, QUE PUEDE REVELÁRSEME O NO. LA BELLEZA, O LO ES TODO, O SERÍA LO MISMO QUE LA INJUSTICIA.

IMAGINO LA POESÍA COMO LA SÚBITA CAPTACIÓN DE AQUELLO QUE SEGUIRÍA EXISTIENDO AÚN CUANDO YO NO LO VIESE.

EL SILENCIO ES EN LA POESÍA, COMO EN LA NATURALEZA, UN MEDIO DE EXPRESIÓN. LA POESÍA VIVE DE SILENCIOS, Y LO MÁS IMPORTANTE ES, QUIZÁS, ESE MOMENTO EN QUE EL PULSO SE DETIENE Y VA A LA LÍNEA DE ABAJO. LA PROSA SIGUE SIEMPRE, NO NECESITA DE ESA DETENCIÓN EN LA QUE SE ENCUENTRA SÓLO LO QUE SE ROMPE.

Olga Orozco / reina, bruja y mendiga

Olga Orozco (Argentina, 1920-1999) tomó el camino de las imágenes oníricas del surrealismo en su veta luctuosa; y fue apasionada lectora de poetas vinculados con la mística, como Rainer Maria Rilke (Alemania, 1875-1926) o San Juan de la Cruz (España, 1542-1591).

OLGA NACIÓ EN LA PAMPA, UNA PROVINCIA MITAD VERDE Y MITAD SECA, BARRIDA POR UN GRAN VIENTO -"DIOS EXCESIVO, DIOS ALUCINANTE"- QUE TRASTORNA LÍMITES DE ARENA EN EL DESIERTO Y TRAE "PESADILLAS DE HORIZONTE".

ASÍ CONOCIÓ LAS REGIONES QUE CAMBIAN DE LUGAR CUANDO SE NOMBRAN: EL PASADO, LA INFANCIA.

Trabajó como periodista utilizando distintos seudónimos. Respondía consultas sentimentales y redactaba horóscopos.

Su poesía es solemne y retoma de la tradición romántica la figura del poeta como vate solitario e iluminado, el tópico de la infancia como paraíso perdido y el de la poesía como un modo particular de conocimiento del mundo.

"DE MI ESTADÍA QUEDAN LAS MAGIAS Y LOS RITOS, UNAS FECHAS GASTADAS POR EL SOPLO DE UN DESPIADADO AMOR, LA HUMAREDA DISTANTE DE LA CASA DONDE NUNCA ESTUVIMOS, Y UNOS GESTOS DISPERSOS ENTRE LOS GESTOS DE OTROS QUE NO ME CONOCIERON".

OROZCO HA DEJADO UNA OBRA DE INTEMPERIES Y DESAMPAROS.

Entre sus libros figuran *Las muertes* (1952), *Los juegos peligrosos* (1962), *Museo salvaje* (1974), *Cantos a Berenice* (1977), *Mutaciones de la realidad* (1979), *La noche a la deriva* (1984), *En el revés del cielo* (1987), *Con esta boca, en este mundo* (1994). También escribió dos libros de relatos autobiográficos, *La oscuridad es otro sol* (1962) y *También la luz es un abismo* (1995), en los que registra recuerdos y presagios.

Marosa Di Giorgio / la extraña druida

Si bien cobró celebridad a partir de la década del noventa, **Marosa Di Giorgio** (Uruguay, 1932) viene publicando desde hace cincuenta años. La forma que eligió para su obra es, predominantemente, la del poema en prosa; y el terreno que más ha explorado es el de un peculiar erotismo. Conocida por su personalidad extravagante, Di Giorgio le atribuye a sus textos un origen visionario y suele presentarlos ante el público en divertidas *performances*.

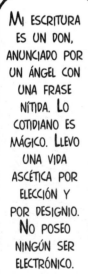

MI ESCRITURA ES UN DON, ANUNCIADO POR UN ÁNGEL CON UNA FRASE NÍTIDA. LO COTIDIANO ES MÁGICO. LLEVO UNA VIDA ASCÉTICA POR ELECCIÓN Y POR DESIGNIO. NO POSEO NINGÚN SER ELECTRÓNICO.

MIS TEXTOS PODRÍAN DEFINIRSE COMO APARICIONES. APARICIONES DE MI ALMA. "MAROSA" ES EL NOMBRE DE UNA FANTÁSTICA PLANTA ITALIANA, QUE FORMÓ PARTE DE LOS RITUALES DRUÍDICOS.

Los textos de Di Giorgio tienen el clima inquietante y a veces siniestro de los cuentos de hadas. Hay animales y plantas que hablan; ángeles o duendes irrumpen en el lugar más trivial. Sus libros fueron compilados en *Papeles salvajes* (1989, 1991, dos tomos).

Alejandra Pizarnik / plena de vértigo

Alejandra Pizarnik (Argentina, 1936-1972) retoma, como Orozco, la tradición surrealista; pero produce a partir de ella una poesía paradojal, donde la esperanza de salvación se propone al mismo tiempo que se ironiza sobre ella y se afirma su imposibilidad. Su intenso mundo poético suele leerse en relación con el mito de su vida sufrida, signado por internaciones psiquiátricas e intentos de suicidio.

Cuando pienso en Alejandra la veo pasar, solitaria, en una de esas enormes burbujas del Bosco donde yacen parejas desnudas, dentro de un mundo tan tenue que sólo por milagro no estalla a cada segundo.

"Por hacer de mí un personaje literario en la vida real fracaso en mi intento de hacer literatura con mi vida real pues ésta no existe: es literatura."

Pizarnik tuvo una profunda influencia de la cultura francesa. Vivió algunos años en París y tradujo a Antonin Artaud (Francia, 1896-1948), Henri Michaux (Francia, 1899-1984), Marguerite Duras (Francia, 1914-1996) e Yves Bonnefoy (Francia, 1923), entre otros.

Su más prestigioso libro fue *Árbol de Diana* (1962), cuya primera edición prologó Octavio Paz, consagrándola con justicia entre las mejores poetas de su tiempo.

COLOCADO FRENTE AL SOL, EL ÁRBOL DE DIANA REFLEJA SUS RAYOS Y LOS REÚNE EN UN FOCO CENTRAL LLAMADO POEMA, QUE PRODUCE UN CALOR LUMINOSO CAPAZ DE QUEMAR, FUNDIR Y HASTA VOLATILIZAR A LOS INCRÉDULOS. SE RECOMIENDA ESTA PRUEBA A LOS CRÍTICOS LITERARIOS DE NUESTRA LENGUA.

"EN LA JAULA DEL TIEMPO LA DORMIDA MIRA SUS OJOS SOLOS EL VIENTO LE TRAE LA TENUE RESPUESTA DE LAS HOJAS."

"No quisiera pintar ni describir una cara ni un acantilado ni casas ni jardines, sino algo más que todo eso; algo que si yo no lo hiciera visible, sería una ausencia."

—de *Extracción de la piedra de locura*, 1968

Luego vendrían *Los trabajos y las noches* (1965), *Extracción de la piedra de locura* (1968), *Nombres y figuras* (1969) y *El infierno musical* (1971), entre otros. En poco tiempo, Pizarnik configuró una obra de una intimidante coherencia.

El novelista argentino **César Aira** (Argentina, 1949) publicó un libro sobre su obra. En él critica a quienes han insistido en la trágica leyenda sobre la vida de la autora, entendiendo que la misma oblitera la lectura de sus textos, en lugar de favorecerla.

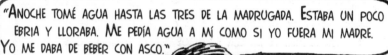

"ANOCHE TOMÉ AGUA HASTA LAS TRES DE LA MADRUGADA. ESTABA UN POCO EBRIA Y LLORABA. ME PEDÍA AGUA A MÍ COMO SI YO FUERA MI MADRE. YO ME DABA DE BEBER CON ASCO."

LA FASCINACIÓN DE LA INFANCIA PERDIDA SE CONVIERTE EN ALEJANDRA, POR UNA OSCURA MUTACIÓN, EN LA FASCINACIÓN DE LA MUERTE, IGUALMENTE DESLUMBRADORA, IGUALMENTE PLENA DE VÉRTIGO.

¡OSCURANTISTA! LA OBRA DE ESTA AUTORA NO ES MÁS QUE LA INVESTIGACIÓN DE LAS METAMORFOSIS DEL SUJETO EN LA POESÍA.

ENRIQUE MOLINA

CÉSAR AIRA

Los desdoblamientos y las mutaciones pronominales del yo lírico son un eje central en la apuesta de Pizarnik. Igual de insoslable, también, es su afán por promover una indiferenciación entre la vida y la obra.

"ALGO EN MÍ NO SE ABANDONA A LA CASCADA DE CENIZAS QUE ME ARRASA DENTRO DE MÍ CON ELLA QUE ES YO, CONMIGO QUE SOY ELLA Y QUE SOY YO, INDECIBLEMENTE DISTINTA DE ELLA."

PEQUEÑA CENTINELA, CAES UNA VEZ MÁS POR LA RANURA DE LA NOCHE.

Pizarnik ha pasado a la historia como la *enfant terrible* de la poesía argentina. Hoy es un objeto de culto entre los lectores jóvenes, y su poética sigue generando imitadores.

Bajo el signo del realismo

El 20 de noviembre de 1910 tuvo lugar la Revolución mexicana. Comenzó con la oposición encabezada por Francisco Madero contra el régimen conservador de Porfirio Díaz; y a ella se sumó la rebelión campesina y sus líderes, Emiliano Zapata y Pancho Villa. Ese hecho histórico obró como disparador de una extensa serie narrativa que se caracterizó por su tendencia realista. Se trataba de que las novelas funcionasen como un registro documental: actas de acusación y denuncia, o bien postales que portaban un mensaje de identidad nacional.

LOS AUTORES SE ABOCARON A CREAR TEXTOS QUE REFLEJARAN LOS CONFLICTOS SOCIALES, EL PAISAJE Y LAS COSTUMBRES DE LOS PUEBLOS DE LATINOAMÉRICA.

LAS TRES CORRIENTES QUE PREDOMINARON FUERON LAS ASÍ LLAMADAS: "NOVELA DE LA REVOLUCIÓN", "NOVELA INDIGENISTA" Y "NOVELA DE LA TIERRA".

Carlos Fuentes ha señalado que la novela latinoamericana surgió como un inmediato correlato de lo social: "En países sometidos a la oscilación pendular entre la dictadura y la anarquía, en los que la única constante ha sido la explotación (...), el novelista individual se vio compelido a ser, simultáneamente, legislador y reportero, revolucionista y pensador. Una novela era escrita para que mejorase la suerte del campesino ecuatoriano o del minero boliviano".

Cronistas de la revolución

Los de abajo (1916), de **Mariano Azuela** (México, 1873-1952), es el primero del conjunto de libros que se propusieron narrar la revolución mexicana. La novela se publicó inicialmente en forma de folletín en el periódico *El paso del Norte*, a finales de 1915.

LOS DE ABAJO ES UNA SECUENCIA DE CUADROS Y ESCENAS DE LA REVOLUCIÓN CONSTITUCIONALISTA, DÉBILMENTE ATADOS POR UN HILO NOVELESCO. PODRÍA DECIR QUE ESTE LIBRO SE HIZO SOLO Y QUE MI LABOR CONSISTIÓ EN COLECCIONAR TIPOS, GESTOS, PAISAJES Y SUCEDIDOS, AUNQUE ES CIERTO QUE MI IMAGINACIÓN AYUDÓ A DARLES COLOR.

MARTÍN LUIS GUZMÁN

MARIANO AZUELA

Martín Luis Guzmán (México, 1887-1976) participó en las luchas revolucionarias a las órdenes de Pancho Villa (México, 1787-1923). Luego debió abandonar dos veces su país por razones políticas. En su segundo exilio escribió las novelas *El águila y la serpiente* (1929) y *La sombra del caudillo* (1929). En 1936 volvió a México y se entregó a la redacción de una monumental autobiografía ficticia de su antiguo caudillo, *Memorias de Pancho Villa*.

Las culturas indígenas como tema

La tradición de textos centrados en la problemática indígena es más vasta en Perú que en ningún otro país. Nació enlazada con la lucha por la liberación nacional y su iniciador fue el carismático **Manuel González Prada** (Perú, 1879-1946), quien escribió ensayos de denuncia y poesía. Admiradora de Prada, **Clorinda Matto de Turner** (Perú, 1854-1909) publicó en defensa del indio la novela *Aves sin nido* (1889). Tiempo después, **Enrique López Albujar** (Perú, 1872-1966) dio a conocer *Cuentos andinos* (1920); y **Alcides Arguedas** (Bolivia, 1879-1946), *Raza de bronce* (1919), novela que introdujo esta corriente en su patria.

La influencia del pensador marxista José Carlos Mariátegui permitió que el problema del indio se relacionara más tarde con la posesión de la tierra, como puede verse en *Huasipungo* (1934) de **Jorge Icaza** (Ecuador, 1906-1978) y en *El mundo es ancho y ajeno* (1940) de **Ciro Alegría** (1909-1967).

En *El mundo es ancho y ajeno*, la Iglesia colabora con los hacendados y se sirve de engañosas argumentaciones teológicas para justificar la miseria y la injusticia a la que se ven sometidos los indígenas.

En Ciro Alegría se advierten los primeros asomos del esfuerzo por ofrecer una versión de la cultura indígena sin los convencionalismos de la anterior literatura de denuncia. Un esfuerzo que luego superaría ampliamente su compatriota **José María Arguedas** (Perú, 1911-1969), autor de *Los ríos profundos* (1956).

Tras la Primera Guerra Mundial y la Revolución Rusa, José Carlos Mariátegui reformuló el problema del indio sobre la base del socialismo, dándole un sentido clasista y revolucionario.

QUIENES DESDE PUNTOS DE VISTA SOCIALISTAS ESTUDIAMOS Y DEFINIMOS EL PROBLEMA DEL INDIO, EMPEZAMOS POR DECLARAR SUPERADAS LAS PERSPECTIVAS HUMANITARIAS O FILANTRÓPICAS EN QUE SE APOYABA LA ANTIGUA CAMPAÑA PRO INDÍGENA. NUESTRO PRIMER ESFUERZO TIENDE A ESTABLECER SU CARÁCTER DE PROBLEMA FUNDAMENTALMENTE ECONÓMICO.

Mariátegui ejerció una enorme influencia a través de los artículos que publicaba en su célebre revista *Amauta* (1923-1930), la cual tenía repercusión a nivel continental. De su valiosísima obra pueden consultarse, entre otros, los libros *La escena contemporánea* (1925) y *Siete ensayos de interpretación de la realidad peruana* (1928).

Civilización y barbarie

Se considera que la novela regionalista cerró su ciclo a mediados de los años veinte con sus tres mejores títulos: *Don Segundo Sombra* (1926), de **Ricardo Güiraldes** (Argentina, 1886-1927); *La vorágine* (1926), de **José Eustasio Rivera** (Colombia, 1888-1928); y *Doña Bárbara* (1929), de **Rómulo Gallegos** (Venezuela, 1884-1969). Este último le debe al genial **Domingo Faustino Sarmiento** (Argentina, 1811-1888), la dicotomía sobre la cual está armado el planteo del libro, civilización y barbarie.

SANTOS LUZARDO ES UN JOVEN ABOGADO DE LA CIUDAD QUE RETORNA A LOS LLANOS NATALES PARA HACERSE CARGO DE LAS TIERRAS DE SUS MAYORES. UNA VEZ AHÍ DEBE ENFRENTARSE A DOÑA BÁRBARA, MUJER INESCRUPULOSA QUE ECHARÁ MANO A TODO TIPO DE RECURSOS PARA APODERARSE DE LA HACIENDA.

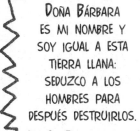

DOÑA BÁRBARA ES MI NOMBRE Y SOY IGUAL A ESTA TIERRA LLANA: SEDUZCO A LOS HOMBRES PARA DESPUÉS DESTRUIRLOS.

La lucha entre Santos Luzardo y Doña Bárbara es la del progreso que engendra la civilización frente al atraso inherente a los modos de vida del llano. Se trata del conflicto que signó los primeros cien años de la historia latinoamericana: la permanencia del feudalismo frente a las exigencias ilustradas del ánimo liberal de inspiración francesa y anglosajona.

En *La vorágine*, de José Eustaquio Rivera, la selva amazónica es el personaje central y se opone al intelectual, Arturo Cova, quien huye a través de la espesura junto a Alicia, su amante. A los martirios de la pareja en ese telúrico infierno se suman los de los caucheros, explotados por las compañías transnacionales.

LA VORÁGINE NOS HACE SENTIR, SIN EMBARGO, QUE EL MAL NO ESTÁ EN LA NATURALEZA SINO EN LA AVIDEZ DEL HOMBRE POR DOMINARLA; EL VERDADERO INFIERNO NO ES LA SELVA, FIEL COMO EL JAGUAR A SUS LEYES, SINO LA CRUELDAD Y LA CODICIA DE UNOS SERES HUMANOS: LOS EMPRESARIOS DEL CAUCHO.

GRACIAS BOLÍVAR. ESO ES LO QUE YO QUERÍA SUGERIR.

El libro comienza con una formidable frase: "Antes de que me hubiera apasionado por mujer alguna, jugué mi corazón al azar y me lo ganó la violencia". Y culmina cuando la naturaleza vence a Cova y a sus compañeros. "¡Los devoró la selva!", dice el epílogo.

En *Don Segundo Sombra*, Ricardo Güiraldes logra una equilibrada combinación entre un imaginario regional, una prosa moderna, refinada, impresionista, y episodios típicos del relato de aprendizaje. El aprendiz es el narrador, Fabio Cáceres; y el maestro, el gaucho experimentado que da título al libro. En este texto no hay ningún afán de denuncia. Tan sólo un deseo de retraerse al mundo jerárquico y conservador del campo, cerrando los ojos al inmenso aluvión inmigratorio que, en ese entonces, se desparramaba por toda la Argentina, desordenando sus viejas estructuras.

Emparentada también con la estética criollista a la que adhería Güiraldes, **Marta Brunet** (Chile, 1901-1967) publicó el mismo año su mejor novela, *Bestia dañina* (1926). De fuerte y bello estilo, sus libros transcurren en ambientes campesinos.

Horacio Quiroga / *el moderno cuentista*

Horacio Quiroga (Uruguay, 1878-1937) acaso sea, del conjunto de los cuentistas hispanoamericanos de su época, el que goza de mayor vigencia. Empezó escribiendo ficciones urbanas de atmósfera decadente bajo los influjos del modernismo, y a partir del momento en que se radica en la provincia argentina de Misiones –donde vivió muchos años– descubre las posibilidades estéticas de la selva y su obra se vuelve aun más apasionante.

EL SECRETO DE SU ESCRITURA HAY QUE BUSCARLO EN LA TRADICIÓN MILENARIA DE LA CUENTÍSTICA ORAL. PARA QUIROGA, UN BUEN NARRADOR ES COMO EL MAGO EN UNA FIESTA DE NIÑOS.

EL CUENTO LITERARIO CONSTA DE LOS MISMOS ELEMENTOS SUCINTOS QUE EL CUENTO ORAL, Y ES COMO ÉSTE EL RELATO DE UNA HISTORIA BASTANTE INTERESANTE Y SUFICIENTEMENTE BREVE PARA QUE ABSORBA TODA NUESTRA ATENCIÓN.

Los cuentos de Quiroga son crudos y tensos, habitados por personajes parcos y casi siempre excéntricos, a veces trágicos; su desarrollo está guiado por el arte de sugerir y sus finales sellados por el impacto, la contundencia.

Cuando el padre ha recorrido las sendas de caza conocidas y ha explorado el bañado en vano, adquiere la seguridad de que cada paso que da lo lleva, inexorablemente, al cadáver de su hijo.

Las fuerzas que permiten entregar un pobre padre alucinado a la más atroz pesadilla tienen también un límite. Y el nuestro siente que las suyas se le escapan, cuando ve bruscamente desembocar de un pique lateral a su hijo.

Sonríe de alucinada felicidad, pues ese padre va solo. A nadie ha encontrado, y su brazo se apoya en el vacío. Tras él, su hijo bienamado yace al sol, muerto desde las diez de la mañana.

–Horacio Quiroga, adaptado del cuento "El hijo"

Quiroga elevó el cuento hispanoamericano a un nivel inédito hasta entonces, y fue, además, un éxito de ventas. Su penetrante estilo conmueve por igual a niños y adultos, a académicos y lectores aficionados.

QUIROGA ESCRIBIÓ UNA CLASE DE CUENTO CARACTERÍSTICO SUYO, CON EL MENSÚ DE LA PROVINCIA DE MISIONES COMO PROTAGONISTA. *EL DESIERTO*, *LOS DESTERRADOS*, PARA CITAR ALGUNOS LIBROS, CONTIENEN EL MATERIAL MÁS VALIOSO Y REPRESENTATIVO DE SUS DOTES LITERARIAS.

MISIONES, COMO TODA REGIÓN DE FRONTERA, ES RICA EN TIPOS PINTORESCOS. LAS VIDAS HUMANAS SE PARECEN MUCHO A LAS BOLAS DE BILLAR LANZADAS CON EFECTO. EN APARIENCIA LLEVAN UNA TRAYECTORIA RECTILÍNEA, PERO AL CHOCAR REBOTAN Y TOMAN UNA DIRECCIÓN INSÓLITA.

Sus autores favoritos fueron Guy de Maupassant (Francia, 1850-1893), Rudyard Kipling (Inglaterra, 1865-1936), Edgar Allan Poe (EE.UU., 1809-1849) y Fedor Dostoievski (Rusia, 1821-1881).

Teresa De la Parra / gato por liebre

Teresa de la Parra (Venezuela, 1890-1936) es un caso inexplicable en la narrativa venezolana de su tiempo. Su primera novela, *Ifigenia* (1924), presenta un tono ingenuo e irónico a la vez. De ese ambiguo modo muestra los prejuicios sociales de la Venezuela de la época.

TERESA, QUE FUE UNA NIÑA RICA, DISFRAZÓ, ADREDE O SIN SABERLO, SUS ÁCIDAS CRÍTICAS BAJO LA FORMA DE NOVELAS ROSAS.

POR ESO SE HA DICHO QUE LA DENUNCIA SE ADIVINA EN *IFIGENIA* COMO UN PARADÓJICO SUSURRO: UN BESO DE LA MUERTE ESTAMPADO CON EL MÁS FINO LÁPIZ LABIAL DE MARCA FRANCESA DEL MOMENTO.

YO ESCRIBÍA PORQUE ME FASTIDIABA...

También publicó *Memorias de Mama Blanca* (1928), donde recrea el ambiente de su niñez en la hacienda "Piedra Azul". Póstumamente se han editado sus conferencias; se destacan, "La influencia oculta de las mujeres en la Independencia y en la vida de Bolívar", y las tres que versan sobre la influencia de las mujeres en la formación del alma americana.

La renovación narrativa

Alrededor de 1930, y hasta fines de los años cincuenta, aparecen una serie de obras audaces, que son las que sientan las bases a partir de las cuales trabajarían, después, los narradores de la década del sesenta y los que les siguieron:

ERAN LAS OBRAS DE ROBERTO ARLT, JUAN CARLOS ONETTI, JORGE L. BORGES, MIGUEL ÁNGEL ASTURIAS Y JUAN RULFO, ENTRE OTROS. LA NARRACIÓN HISPANOAMERICANA SALE DE MANOS DE ESTOS FUNDADORES PROFUNDAMENTE TRANSFORMADA. ELLOS SON QUIENES REALMENTE RENOVARON LA VISIÓN DE AMÉRICA LATINA Y SU LENGUA.

RULFO

ASTURIAS

ONETTI

BORGES

ARLT

Estos autores rompieron drásticamente con el provincianismo y la idea de la literatura como reflejo directo de la realidad. Desecharon las viejas convenciones narrativas, impusieron nuevos temas y le dieron a la imaginación un lugar central.

Roberto Arlt / *padre de los inadaptados*

Roberto Arlt (Argentina, 1900-1942) fue el primer escritor hispanoamericano que produjo una narrativa netamente urbana. *El juguete rabioso* (1926), conmovedor relato de iniciación de clima dostoievskiano, es su primera novela. Está narrada por el joven Silvio Astier.

Eran las siete de la tarde y la calle Lavalle estaba en su más babilónico esplendor. Las vidrieras de las ortopedias y joyerías mostraban en su opulencia la astucia de todos esos comerciantes halagando con artículos de malicia la voluptuosidad de las gentes poderosas en dinero.

BALDÍA Y FEA COMO UNA RODILLA DESNUDA ES MI ALMA...

Por momentos los ímpetus de cólera me envaraban los nervios, quería gritar, luchar a golpes contra la ciudad espantosamente sorda...
—Roberto Arlt, adaptado de *El juguete rabioso*

TODO ME PREGONA EN LAS OREJAS MI ABSOLUTA INUTILIDAD.

Sucia y estridente como las grandes ciudades, de una originalidad insólita, la obra de Arlt contiene una reflexión moral sin concesiones acerca del funcionamiento social.

Los siete locos (1929), su segunda novela, constituye el más alto muestrario de los atractivos personajes arltianos: seres fanáticos, pérfidos o atormentados.

YO RECORDABA QUE EN UNA OPORTUNIDAD EL ASTRÓLOGO ME HABÍA DICHO: "EL RUFIÁN MELANCÓLICO ES UN TIPO QUE AL VER UNA MUJER LO PRIMERO QUE PIENSA ES ESTO: ESTA, EN LA CALLE, RENDIRÍA DIEZ O VEINTE PESOS. NADA MÁS".

NOSOTROS, LOS HOMBRES DEL AMBIENTE, TENEMOS UNA O DOS MUJERES; ELLOS, LOS INDUSTRIALES, A UNA MULTITUD DE SERES HUMANOS. ¿QUIÉN ES MÁS DESALMADO: EL DUEÑO DE UN PROSTÍBULO O LA SOCIEDAD DE ACCIONISTAS DE UNA EMPRESA?

Lo vidrioso de sus ojos saltones, su gruesa nariz ganchuda, las mejillas fláccidas y el labio inferior casi colgando, le daban a Ergueta la apariencia de un cretino.

—Roberto Arlt,
adaptado de
Los siete locos

TENÉS RAZÓN, EL MUNDO ESTÁ LLENO DE TURROS, DE INFELICES. PERO ¿CÓMO REMEDIARLO? ¿DE QUÉ FORMA PRESENTARLE NUEVAMENTE LAS VERDADES SAGRADAS A ESA GENTE QUE NO TIENE FE?

PERO SI LA GENTE LO QUE NECESITA ES PLATA...

Si bien el personaje principal de *Los siete locos* es Erdosain, probablemente el más memorable sea el Astrólogo, mentor de un inescrupuloso proyecto revolucionario alrededor del cual giran todos los demás.

Las pupilas de Erdosain estaban tiesas en el Astrólogo, que con el guardapolvo de carpintero abotonado hasta la garganta y el pelo revuelto, pues se había quitado el sombrero, caminaba de un extremo a otro de la cochera.

COMO EN UNA FARMACIA, TENDREMOS LAS MENTIRAS MÁS PERFECTAS Y DIVERSAS ROTULADAS PARA CADA ENFERMEDAD DEL ENTENDIMIENTO O DEL ALMA... LE REGALAREMOS A LOS HOMBRES LA CONVICCIÓN DE UN FUTURO EXTRAORDINARIO Y ELLOS SERÁN FELICES. ¿COMPRENDEN, IMBÉCILES?

QUIERO SER MANAGER DE LOCOS, DE DESEQUILIBRADOS QUE NO TIENEN ENTRADA EN LOS PARTIDOS POLÍTICOS. ESOS IMBÉCILES BIEN ENGAÑADOS Y RECALENTADOS SON CAPACES DE EJECUTAR ACTOS QUE LE PONDRÍAN A USTED LA PIEL DE GALLINA. ELLOS SERÁN LA CARNE DE CAÑÓN DE NUESTRA REVOLUCIÓN.

EL ASTRÓLOGO LE DA A LO FALSO LA CONSISTENCIA DE LO CIERTO. GENTES QUE NO HUBIERAN CAMINADO JAMÁS POR ALCANZAR NADA, TIPOS DESHECHOS POR TODAS LAS DESILUSIONES, RESUCITAN EN VIRTUD DE SUS MENTIRAS. SEREMOS CUANDO MENOS LOS DUEÑOS DEL PAÍS, SINO DEL MUNDO.

El desprolijo estilo de Arlt fue a menudo objeto de críticas. Su lengua literaria mezcla el habla callejera de la ciudad de su tiempo, con afectadas palabras preciosistas que aprendía en su lectura de grandes novelistas, en pésimas traducciones de edición barata.

Arlt también publicó las novelas *Los lanzallamas* (1931) y *El amor brujo* (1933), algunas obras de teatro y el magnífico volumen de cuentos *El jorobadito* (1933).

Hay en la mirada de Arlt una belleza convulsiva, prisma a través del cual se muestran las pequeñas miserias, humillaciones e hipocresías que supone la vida en sociedades minadas por la corrupción desde su pacto fundacional.

¡CUÁNTAS VECES HE DESEADO TRABAJAR EN UNA NOVELA QUE, COMO LAS DE FLAUBERT, SE COMPUSIERA DE PANORÁMICOS LIENZOS! MAS HOY, ENTRE LOS RUIDOS DE UN EDIFICIO SOCIAL QUE SE DESMORONA INEVITABLEMENTE, NO ES POSIBLE PENSAR EN BORDADOS.

Arlt ejerció toda su vida el periodismo y se ocupó de los temas candentes de la situación social y política de la época, casi siempre obrando como defensor de víctimas de injusticias. A través de su presencia pública en la prensa logró alcanzar una notable popularidad.

Pablo Palacio / el "ilegible"

Pablo Palacio (Ecuador, 1906-1947) publicó *Un hombre muerto a puntapiés* (1927), *Débora* (1927), *Comedia inmortal* (1932) y *Vida del ahorcado* (1932). Fue uno de los referentes del Partido Socialista Ecuatoriano, llegando a ocupar importantes cargos públicos. A partir de 1936 padeció los primeros síntomas de una enfermedad mental. Y en 1940 fue internado en un neuropsiquiátrico, donde permaneció hasta su muerte.

PALACIO ES UN RARO Y PRECURSOR REPRESENTANTE DEL VANGUARDISMO HISPANOAMERICANO EN LA NARRATIVA. EN SUS TEXTOS, LA TRAMA SE DILUYE Y LA LINEALIDAD NO EXISTE.

¡INSENSATO!

LA NOVELA REALISTA ENGAÑA LASTIMOSAMENTE. LES DA A LOS HECHOS UNA CONTINUIDAD IMPOSIBLE.

Dado que la obra de Palacio cuestionaba a través del humor y del absurdo los códigos sociales, a menudo se lo conjuró asociándola con su patología mental –que en realidad es posterior a su producción literaria– y se lo tachó de "ilegible".

Los libros de Palacio atentan contra todas las expectativas que supone la narración convencional. El crítico José Miguel Oviedo ha señalado que en la literatura ecuatoriana de su tiempo, en la que predominaba el canon social-realista, el tema indigenista y el fervoroso alegato en torno a lo nacional, la obra de este autor fue una incómoda, discordante excepción.

ESA CUALIDAD SINGULAR E INASIMILABLE DE SU PRODUCCIÓN CONDUJO A UNA SERIE DE MALENTENDIDOS QUE CONTRIBUYERON A OSCURECER SU APORTE. PERO EN LAS ÚLTIMAS DÉCADAS ESTO HA EMPEZADO A CAMBIAR: TODAVÍA ESTAMOS DESCUBRIENDO A PALACIO, MIENTRAS MUCHOS DE LOS "REALISTAS" PASAN AL OLVIDO.

POR SUPUESTO.

Juan Carlos Onetti / la amarga lucidez

Juan Carlos Onetti (1909-1994) nació en Montevideo, Uruguay, paseó por Buenos Aires y murió en Madrid. Vivía allí desde 1975, aunque en los últimos años apenas salía de la cama. En ella pasaba sus días fumando y bebiendo, haciendo el amor, escribiendo siempre...

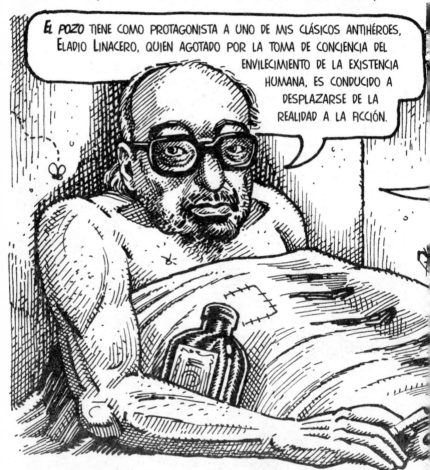

El pozo TIENE COMO PROTAGONISTA A UNO DE MIS CLÁSICOS ANTIHÉROES, ELADIO LINACERO, QUIEN AGOTADO POR LA TOMA DE CONCIENCIA DEL ENVILECIMIENTO DE LA EXISTENCIA HUMANA, ES CONDUCIDO A DESPLAZARSE DE LA REALIDAD A LA FICCIÓN.

Su primera novela, *El pozo* (1939), editada en una tirada de 500 ejemplares que tardaron más de una década en agotarse, fue en los años sesenta revalorizada como la iniciadora de un completo viraje en la narrativa del subcontinente.

Las grandes obsesiones que atraviesan la obra de Onetti son: la futilidad de todo intento de comunicación, la efímera pureza de la juventud, el sinsentido de la vida y el espacio de la ficción como aquello que intenta, en vano, reemplazar la intolerable realidad del mundo.

Además de íntimo amigo de Onetti, Carlos Maggi (1922) es uno de los más notables dramaturgos uruguayos.

Onetti fundó en su obra maestra, *La vida breve* (1959), la ficticia ciudad de Santa María, donde transcurren algunos de sus mejores textos. El protagonista de la novela es Juan María Brausen, quien descontento con su realidad crea otra (en el inicio: un escenario donde ubicar el argumento de un guión de cine que debe escribir) y termina sumergiéndose en ella. Se trata de un hombre que quiere cambiar de vida y, para hacerlo, empieza por mudarse al departamento de al lado.

EN *LA VIDA BREVE* APARECE UNO DE LOS PERSONAJES EMBLEMÁTICOS DE LA SAGA DE ONETTI, EL DOCTOR DIAZ GREY, QUIEN TENDRÁ UNA PARTICIPACIÓN PREPONDERANTE EN LAS SIGUIENTES NOVELAS.

BRAUSEN SIMPLEMENTE SE IMAGINA SANTA MARÍA Y CUANDO DESCUBRE QUE ES UN MUNDO POSIBLE, YA PUEDE ENTRAR. ESO LE PASA A UN HOMBRE DESGRACIADO COMO BRAUSEN, HASTA QUE DESCUBRE SU PODER Y LO USA PARA SÍ MISMO EN SU MUNDO IMAGINARIO.

El Astillero (1961) y *Juntacadáveres* (1964) tienen como protagonista a su personaje más carismático: Justa Larsen, un proxeneta deseoso de redención, quien absurdamente se convierte en gerente general de una empresa ilusoria, Jeremías Petrus S. A.

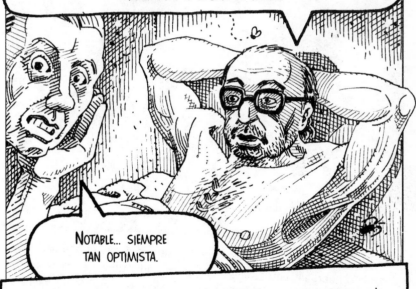

EL ASTILLERO NARRA HECHOS SITUADOS DESPUÉS DE LOS DE JUNTACADÁVERES: LA VUELTA DE LARSEN A SANTA MARÍA Y SU TRABAJO, YA NO COMO CAFIOLO SINO COMO GERENTE DE UN ASTILLERO ARRUINADO, CON DOS COMPAÑEROS CASI FANTASMALES GUIÁNDOLO POR ESE PAISAJE DE PODREDUMBRE, DEDICADOS A TAREAS INÚTILES MIENTRAS ESPERAN UNA REACTIVACIÓN QUE NO LLEGARÁ NUNCA, HASTA QUE FINALMENTE EL LUGAR SE HUNDE.

NOTABLE... SIEMPRE TAN OPTIMISTA.

"En la casilla sucia y vacía, bebiendo sin emborracharse frente a la indiferencia del gerente administrativo, Larsen sintió el espanto de la lucidez. Fuera de la farsa que había aceptado literalmente como un empleo no había más que el invierno, la vejez, el no tener donde ir, la misma posibilidad de muerte."

—Juan Carlos Onetti, de *El astillero*

Magnífica y amarga, la obra de Onetti está compuesta por más de una decena de libros. *Cuando ya no importe* (1993), su bella novela final, escrita en forma de diario y que transcurre en la ciudad de Santa María, podría ser leída como una especie de testamento literario.

YA NINGÚN CRÍTICO CUESTIONA EL HECHO DE QUE USTED ES UNO DE LOS MEJORES NOVELISTAS DE AMÉRICA LATINA.

SIEMPRE DIJE QUE LOS CRÍTICOS SON LA MUERTE: A VECES DEMORAN, PERO SIEMPRE LLEGAN.

"Hay en esta ciudad un cementerio más hermoso que el poema. Y hay o había o hubo allí, entre verdores y el agua, una tumba en cuya lápida se grabó el apellido de mi familia. Luego, en algún repugnante día del mes de agosto, lluvia, frío y viento, iré a ocuparla con no sé que vecinos."
—Juan Carlos Onetti, de *Cuando ya no importe*

Onetti es un referente obligado para los novelistas hispanoamericanos, y uno de los mayores narradores en lengua española del siglo xx.

Felisberto Hernández / un "inclasificable"

De profesión pianista, **Felisberto Hernández** (Uruguay, 1902-1964) fue un atípico y brillante narrador uruguayo. Hay en sus textos un cuestionamiento explícito de las poéticas que tienden a reducir la realidad a un único plano.

> LA REALIDAD ES OSCURA Y CONFUSA EN SÍ; Y CUANDO LOS ESCRITORES Y LOS PSICÓLOGOS CREEN HABERLA ACLARADO, SE REFIEREN A OTRA COSA. ELLOS CONVIERTEN LA REALIDAD OSCURA EN REALIDAD CLARA. ESO QUE PLANTEAN QUE NO TIENE NADA QUE VER CON LOS HECHOS COMO ESPONTÁNEAMENTE OCURREN EN EL ESPÍRITU.

Su obra se compone de los volúmenes de cuentos *El caballo perdido* (1943), *Nadie encendía las lámparas* (1947), *Las hortensias* (1949) y *La casa inundada* (1960); y de las *nouvelles Por los tiempos de Clemente Colling* (1942) y *Tierras de la memoria* (1965), de publicación póstuma.

En todos sus textos se respira un aire introspectivo y silencioso. Sus personajes son raros; hacen poco y reflexionan mucho. Suelen aislarse y se dedican a recordar tiempos donde se descubren distintos de quienes son en el presente.

"AQUEL TIPO QUE ERA YO ANTES DE CONOCERLA TENÍA LA INDIFERENCIA DEL CANSANCIO. SI LA HUBIERA CONOCIDO MUCHO ANTES, HUBIERA GASTADO MIS ENERGÍAS EN AMARLA; PERO COMO NO LA ENCONTRÉ, ESAS ENERGÍAS LAS GASTÉ EN PENSAR."

–de "Úrsula"

"HACE ALGUNOS VERANOS EMPECÉ A TENER LA IDEA DE QUE YO HABÍA SIDO UN CABALLO. AL LLEGAR LA NOCHE, ESE PENSAMIENTO VENÍA A MÍ COMO A UN GALPÓN DE MI CASA. APENAS YO ACOSTABA MI CUERPO DE HOMBRE, YA EMPEZABA A ANDAR MI RECUERDO DE CABALLO."

–de "La mujer parecida a mí"

"LOS RECUERDOS VIENEN, PERO NO SE QUEDAN QUIETOS... ALGUNOS, PARECE QUE PROTESTARAN CONTRA LA SELECCIÓN QUE DE ELLOS PRETENDE HACER LA INTELIGENCIA."

–de *Por los tiempos de Clemente Colling*

Ítalo Calvino (Italia, 1923-1985) lo conoció, vía Cortázar, y se quedó fascinado con su enigmática prosa, hasta el punto de editarlo en italiano.

FELISBERTO HERNÁNDEZ ES UN ESCRITOR QUE NO SE PARECE A NADIE. ES UN "FRANCOTIRADOR" QUE DESAFÍA TODA CLASIFICACIÓN, PERO QUE SE PRESENTA COMO INCONFUNDIBLE AL ABRIR SUS PÁGINAS.

ITALO CALVINO

NO ES PARA TANTO...

Ni realistas ni fantásticos, los textos de Hernández rechazan cualquier etiqueta. Transcurren en una difusa frontera entre lo palpable y lo invisible, y envuelven al lector en ese misterioso espacio de ensueño donde los sentidos se expanden y multiplican como una enredadera.

Armonía Somers / símbolos ocultos

Armonía Somers (Uruguay, 1914-1994) comenzó a publicar en 1950 y causó escándalo. En el comienzo de su primera novela, *La Mujer Desnuda,* la protagonista se autodecapita y pasa a ser otra. Luego publicó *La calle del viento norte* (1963), *De miedo en miedo* (1965) y *Un retrato para Dickens* (1969), *nouvelle* basada en el episodio bíblico de Tobías y que incorpora elementos ligados a lo diabólico.

TRAS LA APARICIÓN DE *UN RETRATO PARA DICKENS,* LA AUTORA ENFERMÓ E INTERPRETÓ QUE ESO LE HABÍA SUCEDIDO POR JUGAR CON EL DIABLO. ESE TIPO DE CONVICCIONES MÍSTICAS SE REFLEJAN EN SUS TEXTOS...

YO PIENSO QUE DETRÁS DE CADA COSA, DE CADA ACTO, DE CADA INTENCIÓN, HAY UN SÍMBOLO OCULTO. SIEMPRE ESTUVE EN LOS EXTREMOS.

Su obra combina ciertos tópicos de la literatura fantástica con una reivindicación del protagonismo femenino en relación con temas como la violencia, la marginalidad, lo monstruoso, el sexo.

La pareja de la revista *Sur*

Silvina Ocampo (Argentina, 1903-1994) y **Adolfo Bioy Casares** (Argentina, 1914-1999) estuvieron ligados al grupo de la revista "Sur" (1931-1970), fundada por **Victoria Ocampo** (Argentina, 1891-1979) y de la que participaban Jorge Luis Borges, **José Bianco** (Argentina, 1908-1986), **Héctor Murena** (Argentina, 1923-1975) y **Eduardo Mallea** (Argentina, 1903-1982), entre otros.

YO ME PROPONÍA QUE LA REVISTA FUESE FORMADORA DE GUSTOS, ENTRENADORA DE PALADARES. TRATAMOS DE ORIENTAR, ELUDIR LAS JERGAS TÉCNICAS, INTRODUCIR NUEVOS AUTORES Y ACERCAR LO NUESTRO AL EXTRANJERO.

Sur cumplió una función decisiva en el estímulo de debates y producciones culturales. Fue un referente privilegiado para los intelectuales hispanoamericanos y enriqueció ampliamente el intercambio con Europa. De espíritu liberal y cosmopolitismo estético, dio cabida a la reflexión sobre fenómenos sociales, difundió traducciones de inmenso valor e introdujo en el medio local autores de la talla de William Faulkner (EE.UU., 1897-1962), T. S. Eliot o Albert Camus (Francia, 1913-1960).

En *La Invención de Morel* (1940), su obra más lograda, Adolfo Bioy Casares juega con la posibilidad de una máquina que reproduzca artificialmente la vida de las personas con la nitidez de un espejo. El narrador, un náufrago perdido en una isla, descubre que la mujer de quien se ha enamorado no es una persona sino la proyección de esa máquina alimentada por la energía de las mareas. Los más diversos tipos de lectores convirtieron a esta novela en un clásico de la literatura contemporánea.

> HE DISCUTIDO CON ADOLFITO LOS PORMENORES DE LA TRAMA, LA HE RELEÍDO; NO ME PARECE UNA IMPRECISIÓN O UNA HIPÉRBOLE CALIFICARLA DE PERFECTA.

> ESCRIBÍ *LA INVENCIÓN DE MOREL* EN FRASES CORTAS PORQUE UNA FRASE LARGA OFRECE MÁS POSIBILIDADES DE ERROR. CREO QUE ESAS FRASES MOLESTARON Y QUE CUANDO BORGES DICE QUE LA TRAMA ES PERFECTA, HAY UNA CLARA RESERVA EN CUANTO AL ESTILO.

Bioy Casares cultivó predominantemente el género fantástico. La pluralidad de mundos, el amor infructuoso, la parodia y la ironía aparecen con frecuencia en sus ficciones. Si bien su producción es despareja, hay algunos libros en los que el autor ha estado, sin duda, a la altura de su fama. De los encuentros con su amigo Borges quedan una saga de novelas policiales escritas a cuatro manos; y un puñado de anécdotas que relata en sus *Memorias* (1999), una obra autobiográfica menor que realimenta su imagen de *dandy* literario, hijo de acaudalados estancieros e inescrupuloso *playboy*.

Los cuentos de Silvina Ocampo transcurren en espacios cerrados y muestran, a menudo con humor, un mundo sádico y perverso de "gente bien". En ellos, los niños aparecen como seres demenciales, extremadamente crueles, y la pobreza como algo en realidad encantador y atractivo. La autora utiliza con frecuencia el recurso de instalar sucesos extraños en lugares íntimos y familiares.

YO DE CHICA HICE TODAS LAS COSAS QUE ME PROHIBÍAN. HICE DE TODO A ESCONDIDAS. A MÍ ME GUSTABA ESCONDERME.

SIEMPRE ME HE SENTIDO ATRAÍDA POR SERES QUE NO EJERCEN NINGUNA VIRTUD; Y ESA ATRACCIÓN QUE SIENTO ME SACA DE MÍ MISMA.

¡FERNANDO, SI JUEGAS CON FÓSFOROS VAS A QUEMAR LA CASA!

Los fósforos son la pasión del niño que protagoniza el cuento "Voz en el teléfono". Tal pasión, prohibida por su madre, lo lleva a incendiar su casa tras encerrar a las madres de sus amiguitos, y a la suya propia, en un cuarto. Mientras su madre y las amigas se cuentan chistes obscenos el día de su fiesta de cumpleaños, Fernando, el pequeño pirómano –un nuevo rico de cuatro años– planea el homicidio. Lo curioso es que en la obra de Ocampo las atrocidades reciben, como decía su amiga Alejandra Pizarnik, "la visita de los chistes".

La ambigüedad brilla en la prosa de Silvina Ocampo. Sus mejores libros son *Las invitadas* (1961), *Autobiografía de Irene* (1948) y *La furia* (1959). También escribió poesía, pero no era tan buena.

"Para Semana Santa, Gabriel te siguió hasta la iglesia. Lo miraste dentro del aire con incienso de la iglesia, como un pez en el agua mira a un pez cuando hace el amor. Fue la última entrevista."

LOS POBRES ME PARECEN DIVINOS, MUY SUPERIORES A MIS PRIMAS, QUE SON UNAS PAVOTAS, UNAS INÚTILES, NO SABEN ROBAR NADA...

"Durante veranos sucesivos, lo imaginaste deambulando por las calles, cruzando frente a las quintas, con su traje de mecánico azul y ese prestigio que le daba la pobreza."

—Silvina Ocampo, adaptado de "Anillo de humo"

¡QUÉ CRENCHAS ESPLÉNDIDAS TIENEN LOS MENDIGOS! A MÍ NO ME GUSTA LA GENTE MUY PEINADA.

A diferencia de su esposo, Bioy Casares, Silvina Ocampo nunca estuvo interesada en ningún tipo de publicidad literaria. Mantuvo con irreprochable coherencia su lugar de excéntrica y la frescura desconcertante de su prosa, siempre simpáticamente propensa a reírse de sí misma y de su entorno. "Mi calidad literaria puede ser una ilusión", llegó a decir incluso.

Jorge Luis Borges / *universo de sortilegios*

Jorge Luis Borges (Argentina, 1889-1986) se dedicó a la literatura con una intensidad infrecuente, tanto por la vastedad de sus tareas como por la excelencia con que las llevó a cabo. Se inició en el tema con la biblioteca de libros ingleses de su padre, y a los nueve años tradujo un texto de Oscar Wilde. Tras unos años en Suiza, se trasladó a España, donde difundió el expresionismo alemán e integró un grupo ultraísta. De regreso en su país: fundó las revistas *Prisma* y *Proa*, y participó de *Martín Fierro* y de *Sur*; estuvo a cargo del suplemento literario del diario *Crítica* y de la sección de libros de la revista *El hogar*; dio clases de literatura inglesa en la Universidad; fue empleado y director de bibliotecas; realizó colecciones, traducciones y antologías; y, sobre todo, publicó una treintena de libros originalísimos.

> "La biblioteca es ilimitada y periódica. Si un eterno viajero la atravesara en cualquier dirección, comprobaría al cabo de los siglos que los mismos volúmenes se repiten."
>
> — J. L. Borges, en "La biblioteca de Babel"

LA BIBLIOTECA DE MI PADRE HA SIDO EL HECHO CAPITAL DE MI VIDA. NUNCA HE SALIDO DE ELLA.

ESCRIBO PORQUE PARA MÍ NO HAY OTRO DESTINO. ESO LO SÉ, DESDE LA YA REMOTA NIÑEZ. CADA HOMBRE TIENE SU DESTINO. Y ESE DESTINO ES LA ÉTICA SECRETA DEL HOMBRE.

Excepto el novelesco, Borges cultivó todos los géneros (y en ocasiones los mezcló). Su obra ha dejado una marca imborrable en las letras occidentales del siglo xx.

La inteligencia, la elegancia, la concisión, la ironía, distinguen su prosa. También, la pasión por las desinteresadas elucubraciones metafísicas, aventuras estupendamente inútiles a las que se lanza la imaginación. Para Borges, todo o casi todo es ficción. En su relato *"Tlön, Uqbar, Orbis Tertius"* se afirma que "la metafísica es una rama de la literatura fantástica".

LAS DEMOSTRACIONES METAFÍSICAS SE PARECEN A LAS NOVELAS POLICIALES: SE ELIGE UN DESENLACE Y SE PROCEDE A CONSTRUIR UNA RIGUROSA Y ARTICULADA DEMOSTRACIÓN QUE CONDUZCA A ESE DESENLACE.

UNOS POCOS ARGUMENTOS ME HAN HOSTIGADO A LO LARGO DEL TIEMPO. SOY DECIDIDAMENTE MONÓTONO.

"Quizá yo acabe por gastar el Zahír a fuerza de pensarlo y repensarlo; quizá detrás de la moneda esté Dios."

–en "El Zahír"

Borges concibe la literatura como un espacio virtual pleno de sortilegios, apto para deleitarse con experimentos imposibles en la vida cotidiana. Uno de ellos es hacer aparecer formas quiméricas en ámbitos triviales. "El Zahír", "El libro de arena", "El Aleph" y "Tlön, Uqbar, Orbis Tertius", relatan básicamente lo mismo: los efectos que un objeto mágico, emparentado con el infinito, provoca en lo que, con demasiada confianza, llamamos "mundo real".

"El Aleph" es uno de los relatos más representativos del sentido del humor borgiano. Beatriz Viterbo, la amada de Borges, el protagonista, ha muerto, pero éste continúa visitando cada año la casa donde ella vivía con Carlos Argentino Daneri, su primo hermano. En el sótano de esa residencia porteña, jura un día Daneri, se encuentra "El Aleph": una esfera que contiene todos los tiempos y todos los espacios.

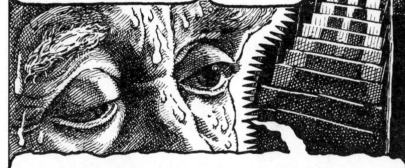

UNA COPITA DE SEUDO COÑAC Y TE ZAMPUZARÁS EN EL SÓTANO. TE ACUESTAS EN EL PISO DE BALDOSAS Y A LOS POCOS MINUTOS VES ES EL ALEPH.

PODRÁS ENTABLAR UN DIÁLOGO CON TODAS LAS IMÁGENES DE BEATRIZ.

"ARRIBO, AHORA, AL INEFABLE CENTRO DE MI RELATO; EMPIEZA, AQUÍ, MI DESESPERACIÓN DE ESCRITOR. ¿CÓMO TRANSMITIR A LOS OTROS EL INFINITO ALEPH, QUE MI TEMEROSA MEMORIA APENAS ABARCA? LO QUE VIERON MIS OJOS FUE SIMULTÁNEO: LO QUE TRANSCRIBIRÉ, SUCESIVO, PORQUE EL LENGUAJE LO ES."

Para Borges, todo conocimiento es conjetural. El vasto, múltiple y simultáneo universo resulta inaprensible en su verdad. Sólo podemos conocer en virtud de construcciones del lenguaje, atadas al tiempo y que carecen de anclaje referencial. Los esquemas racionales de los que nos valemos (causalidad, historicidad, etc.), son nuestra única alternativa para no perdernos en el caos fenoménico, pero ello no nos autoriza a juzgarlos infalibles.

En el desenlace de "El Aleph" aparece uno de los procedimientos que Borges utiliza con mayor frecuencia: la enumeración caótica, que reúne elementos distantes en términos temporales, espaciales y jerárquicos. Sin menoscabo del carácter universal de su planteo, el imaginario del relato tiene, igual que muchísimos de sus otros textos ("Funes el memorioso", "El muerto", "El Sur", etc.), un inconfundible sabor argentino.

VI EL POPULOSO MAR, VI EL ALBA Y LA TARDE, VI LAS MUCHEDUMBRES DE AMÉRICA, VI LA RELIQUIA ATROZ DE LO QUE DELICIOSAMENTE HABÍA SIDO BEATRIZ VITERBO, VI LA CIRCULACIÓN DE MI OSCURA SANGRE, VI EL ENGRANAJE DEL AMOR Y LA MODIFICACIÓN DE LA MUERTE, VI EL ALEPH...

TARUMBA HABRÁS QUEDADO DE TANTO CURIOSEAR. AUNQUE TE DEVANES LOS SESOS, NO ME PAGARÁS EN UN SIGLO ESTA REVELACIÓN... ¡QUÉ OBSERVATORIO FORMIDABLE, CHE BORGES!

Borges terminó con la dicotomía entre el escritor cosmopolita y el escritor nacional. Nadie defendió tanto la idea de que el patrimonio cultural a partir del cual un argentino escribe es toda la literatura universal; y, al mismo tiempo, pocos mostraron un afán tan fuerte de urdir mitologías perdurables sobre su ciudad, reelaborar el pasado, incorporar a los textos la idiosincrasia local y cultivar la inflexión del español rioplatense.

Borges era un enamorado de las curiosidades. Su atención se orientaba hacia los datos raros, estéticamente atractivos, y se detenía en símbolos en los que hallaba algún valor poético, como el laberinto. En tal sentido, y a diferencia de lo que suele creerse, fue lo contrario de un erudito: su saber no corresponde a la lógica metódica de la erudición tanto como al asombro infantil.

YO HE SIDO SIEMPRE LECTOR DE ENCICLOPEDIAS. ES UNO DE LOS GÉNEROS LITERARIOS QUE PREFIERO PORQUE OFRECE TODO DE MANERA SORPRENDENTE... MI VIDA HA SIDO UNA VIDA DE ASOMBRO ANTE LAS COSAS Y LOS HECHOS; Y CREO QUE EL SÍMBOLO MÁS EVIDENTE PARA EXPLICAR ESA PERPLEJIDAD, ES EL LABERINTO.

SI ESTE MUNDO FUERA UN LABERINTO NOS SENTIRÍAMOS SEGUROS, YA QUE EN EL LABERINTO HAY UN CENTRO. PERO POSIBLEMENTE NO SEA UN LABERINTO SINO UN CAOS, ENTONCES ESTAMOS PERDIDOS.

Tal vez de esa visión del mundo como caos proceda su gusto por lo fantástico y por las tramas perfectas, hijas de un ideal de orden que se exime de dar cuenta de la farragosa realidad, la cual no tiene, a sus ojos, el más mínimo deber de ser interesante.

Borges siempre prefirió la rareza a lo corriente, lo lateral a lo principal, lo relegado a lo eminente. Tal fue la perspectiva desde la que organizó su tradición literaria: no se decía admirador de las figuras centrales, pero tampoco se dirigía, con redoble de tambores, a los grandes rechazados del canon. Elogiaba a Stevenson (1850-1894), Chesterton (1974-1936), Kypling y otros escritores considerados menores, como si éstos le simpatizaran más que los objetos de estrepitosas consagraciones. Paradójicamente, a partir de mediados de los años cincuenta fue él mismo quien comenzó a ser objeto de una estrepitosa consagración mundial que aún sigue en expansión.

ME GUSTAN LOS RELOJES DE ARENA, LOS MAPAS, LA TIPOGRAFÍA DEL SIGLO XVIII, LAS ETIMOLOGÍAS, EL SABOR DEL CAFÉ Y LA PROSA DE STEVENSON.

"Yo he de quedar en Borges; no en mí (si es que alguien soy), pero me reconozco menos en sus libros que en muchos otros o que en el laborioso rasgueo de una guitarra. Hace años yo traté de librarme de él y pasé de las mitologías del arrabal a los juegos con el tiempo y el infinito, pero esos juegos son de Borges ahora y tendré que idear otras cosas."

—de "Borges y yo"

Existen varias ediciones de sus *Obras Completas*. El período que va de 1930 a 1960 es el más alto de su producción. En ese lapso publicó los libros de relatos *Historia Universal de la infamia* (1935), *Ficciones* (1944) y *El Aleph* (1949); de ensayo, *Discusión* (1930), *Historia de la eternidad* (1936) y *Otras Inquisiciones* (1952); y de poesía, *El Hacedor* (1960).

Macedonio Fernández / el desilusionista

Se dice que el escritor argentino más admirado por Borges era **Macedonio Fernández** (Argentina, 1874-1952), un entrañable personaje que nunca quiso publicar y llevaba una vida contemplativa y errante: dormía en pensiones o casas de amigos. Reticente a la celebridad, se definía como el primer autor metafísico argentino. Sólo le interesó la eternidad. Fue, naturalmente, un vanguardista.

¿Y POR QUÉ SERÉ YO EL ENCARGADO DE DESTROZAR EL MOMENTO DE ALUCINACIÓN EN QUE EL LECTOR CREE QUE LO NARRADO ACONTECE?

LA INVENCIÓN, NO LA COPIA DE REALIDAD, ES LA VERDAD EN ARTE.

Su literatura es abstracta, especulativa, y evidencia un odio raso a los lugares comunes. Definir a Macedonio Fernández resulta una empresa prácticamente imposible; según Borges, el epíteto "genial", por lo que afirma y lo que excluye, es quizás el más preciso que puede hallarse.

Aunque Macedonio comenzó a escribirla por los años treinta, fue recién en 1967 cuando publicó una reconstrucción tentativa de *Museo de la novela de la Eterna*, su obra mayor. Debido a su explícito autocuestionamiento de todas las convenciones de la novela como género, se trata de un libro que augura el cambio de rumbo que la narrativa hispanoamericana daría después.

"El argumento carece de valor artístico; la invención de argumentos es una de las máximas ociosidades pues la vida rebosa de ellos."

MIS PERSONAJES SE HAN ATENIDO A SU PAPEL DE INEXISTENCIA SIN AHORRAR FATIGAS, CON UNA IDONEIDAD PARA EL PROLIJO NO-SER CASI ENTERNECEDORA.

ESTOY SEGURO DE QUE *MUSEO* IRRITARÁ AL LECTOR POR SUS PROMESAS Y SU METÓDICA DE INCONCLUSIONES... ¿QUÉ HAS DICHO, LECTOR? ME PARECIÓ OÍRTE.

Los rasgos distintivos de *Museo*... son la eliminación del argumento, la reflexión sobre los artificios de la escritura, la indiferenciación entre teoría y ficción, el humor y el deseo de que la novela exista como una promesa siempre postergada, razón por la cual va precedida por cincuenta y seis prólogos.

Arreola y Monterroso / dos "breves"

Entre los escritores en los que Borges incidió fecundamente, se destacan: **Juan José Arreola** (México, 1918) y **Augusto Monterroso** (Guatemala, 1921). Lo conjetural y lo fantástico, el cultivo de la brevedad y las elipsis, la vivacidad estilística caracterizan a los dos escritores. Ambos son figuras de gran importancia en la literatura de sus países.

SÚBDITOS DE RESIGNADAS COLONIAS, ESCÉPTICOS ANTE LA UTILIDAD DE NUESTRA EXPRIMIDA LENGUA, DEBEMOS A BORGES EL HABERNOS DEVUELTO, A TRAVÉS DE SUS VIAJES POR EL INGLÉS Y EL ALEMÁN, LA FE EN LAS POSIBILIDADES DEL INELUDIBLE ESPAÑOL.

BORGES, LE ENTREGO EN ESTE BESO TREINTA AÑOS DE ADMIRACIÓN.

PERO SEÑOR, ¡QUÉ MANERA DE PERDER EL TIEMPO!

Los cuentos de Arreola, que él prefiere denominar "invenciones", están compilados en un libro que se titula *Confabulario total* (1962). Luego publicó la novela *La Feria* (1963), *Palindroma* (1971) y el *Confabulario personal* (1980).

Miguel Ángel Asturias / pionero

Miguel Ángel Asturias (Guatemala, 1899-1974) fue un modelo para muchos escritores de la década del sesenta tanto por la forma en que asimiló los influjos de las vanguardias europeas, como por su afán de encontrar un perfil distintivo para la literatura latinoamericana. Antes de que se pusieran de moda las novelas sobre dictadores de países "bananeros", él había escrito una perfecta. Su título es *El señor presidente* (1946) y está inspirada en la figura del tirano Estrada Cabrera (1898-1920).

"Los pordioseros se arrastraban por las cocinas del mercado, perdidos en la sombra de la Catedral helada, de paso hacia la Plaza de Armas, a lo largo de calles tan anchas como mares, en la ciudad que se iba quedando atrás íngrima y sola."

"La noche los reunía al mismo tiempo que a las estrellas. Se juntaban a dormir en el Portal del Señor sin más lazo común que la miseria, maldiciendo unos de otros, insultándose a regañadientes, con tirria de enemigos."

—de *El señor presidente*

La novela sigue el itinerario vital de Miguel Cara de Ángel. Desde su lealtad al dictador, siendo considerado el favorito del señor presidente para la realización de actos despreciables, hasta su enamoramiento de Camila y su transformación subsiguiente. Con ese argumento, Asturias consiguió darle forma a la voz de un pueblo que se oponía silenciosa y temerosamente a la opresión.

Hombres de maíz (1949) es la novela que consolidó su fama y difusión posterior. Con un deslumbrante estilo cuenta las penurias de los indígenas guatemaltecos, explotados por los colonizadores. Los mitos precolombinos constituyen una pieza clave en la estructuración de sus textos. Pese a haber vivido muchos años en Europa, Asturias conocía de modo directo las culturas autóctonas, puesto que su padre era mestizo y su madre india pura. Ese saber está presente ya en su primer libro, *Leyendas de Guatemala* (1930), una colección de cuentos y leyendas mayas.

EL ESCRITOR LATINOAMERICANO, SI ES SINCERO, DEBE SER REPRESENTANTE DE SUS PRÓJIMOS, DE SUS PUEBLOS.

EN SUS LIBROS SE PUEDE DETECTAR EL COMIENZO DE UNA TENDENCIA QUE CRECIÓ EN LOS SESENTA: EL REALISMO MÁGICO.

Asturias estudió antropología en la Sorbona y fue un destacado político –de ideas populistas– y diplomático. En 1967, a pocos años de publicar su otra gran novela, *Mulata de tal* (1963), fue distinguido con el Premio Lenin de la Paz y con el Premio Nobel.

José María Arguedas / un militante

José María Arguedas (Perú, 1911-1969) dio pie a un nuevo modo de representar el mundo indígena de Perú, abandonando la tendencia idealizadora o romántica de los escritores que antes lo habían hecho. Gracias a él se pasó de una visión exterior a una visión interior, que se asienta en la percepción indígena del mundo y genera nuevas técnicas narrativas a partir de la misma. Además, fue el primero que enfrentó el desafío de dar cuenta del bilingüismo, es decir, de la convivencia y los fenómenos de mezcla entre el español y el quechua. Para ello se ocupó de crear una musical mixtura entre ambos idiomas, como se aprecia en sus novelas más logradas: *Yawar fiesta* (1941) y *Los ríos profundos*.

YO RECHAZO EL CALIFICATIVO "INDIGENISTAS". LAS MÍAS SON SIMPLEMENTE NOVELAS DONDE EL PERÚ ANDINO APARECE EN TODA SU CONFUSA E INQUIETANTE REALIDAD HUMANA: INDIOS, TERRATENIENTES, MESTIZOS, ESPÍRITUS DIFERENTES QUE SE ATRAEN, SE MEZCLAN, SE RECHAZAN.

De gran repercusión en el ambiente intelectual de la época fue la polémica que Arguedas sostuvo con Julio Cortázar. Éste afirmaba, desde Francia, que una visión supranacional agudiza la captación de lo nacional; y Arguedas defendía, en cambio, la necesidad de nutrirse de las culturas nativas *in situ*. Sus ideas pueden rastrearse en sus ensayos, reunidos bajo el título *Formación de una cultura nacional indoamericana* (1975). Profesor de quechua y etnología, a menudo encarcelado por su militancia en favor de los indígenas, Arguedas se suicidó a los cincuenta y ocho años, dejando inconclusa su novela *El zorro de arriba y el zorro de abajo*.

Revueltas y Yáñez / más allá de la región

José Revueltas (México, 1914-1976) y **Agustín Yáñez** (México, 1904-1980) conservan en sus textos, al igual que Arguedas, los materiales que pudieron servir a una novela regionalista (escenarios rurales, personajes marginalizados por el progreso, etc.), pero no reiteran los vetustos modelos del regionalismo. En novelas como *El luto humano* (1943) o *Al filo del agua* (1947), lo regional alcanza una significación universal.

EL *LUTO HUMANO* ES UN DRAMA CAMPESINO QUE TRATA SOBRE LA SANTIDAD EXTREMA, EL HOMICIDIO Y LA HUELGA OBRERA. ESPERO QUE CONMUEVA Y QUE REFLEJE MI ADHESIÓN AL MARXISMO.

"Pueblo de mujeres enlutadas. Aquí, allá, en la noche, al trajín del amanecer, en todo el santo río de la mañana, bajo la lumbre del sol alto, a las luces de la tarde –fuertes, claras, deslavadas, agónicas–."

–de *Al filo del agua*

"CON LA IMAGINACIÓN BASTA Y SOBRA; PARA MÍ ES MEJOR IMAGINAR QUE VER; ASÍ LAS COSAS DAN TODO SU ANCHO."

Al filo del agua narra el momento previo a la revolución mexicana, a través de los recuerdos alucinados de Lucas Macías. La interiorización de la historia, convertida en memoria subjetiva, hace que la novela se distancie resueltamente del realismo panfletario de la anterior narrativa sobre la revolución. La obra de Yáñez tuvo fuerte incidencia en Juan Rulfo.

Juan Rulfo / maestro de maestros

Dos son los títulos que componen la decisiva producción de **Juan Rulfo** (México, 1918-1985): *El llano en llamas* (1953), un incomparable volumen de diecisiete relatos con protagonistas campesinos; y la novela *Pedro Páramo* (1955), la historia de un joven que fue abandonado por su padre y viaja a buscarlo a un pueblo rural llamado Comala. Ese pueblo es, en realidad, el principal personaje: un pueblo donde todos están muertos, no viven más que ánimas.

La obra de Rulfo condensa e introduce muchas de las técnicas que abrieron nuevas sendas en la narrativa: el monólogo interior, la simultaneidad de planos y puntos de vista, la ruptura del orden temporal lineal. Por sus procedimientos formales y su intensidad, guarda afinidad con la de William Faulkner.

Pedro Páramo recibió, al aparecer, diversos reproches: se habló de su desordenada composición, su falta de unidad, la ausencia de argumento central, las escenas deshilvanadas. Tales críticas partían de concepciones de la novela como unidad de personajes, argumento y estilo. Como bien indicó Carlos Fuentes, las elipsis narrativas de Rulfo desconcertaban a los lectores de novelas "bien hechas"; es decir, adheridas a la lógica y sin resquicio de misterio.

ALGUNOS ESCRITORES HICIMOS MUCHO ESFUERZO POR UNA NOVELA QUE, MEDIO SIGLO MÁS TARDE, ES CONSIDERADA UNA DE LAS MAYORES, EN CUALQUIER LENGUA, DEL SIGLO XX Y, PARA MÍ, LA MEJOR NOVELA MEXICANA DE TODOS LOS TIEMPOS.

CARLOS FUENTES

Hosco a las entrevistas y al medio literario en general, Rulfo llevó a su punto más alto la narrativa mexicana, y luego casi no volvió a publicar. El maestro emergió silencioso con las innovaciones y luego se esfumó, igual de silenciosamente.

Para los jóvenes escritores de la época, la obra de Rulfo representó una apertura a lo nuevo y a la universalidad.

EL RESTO DEL AÑO EN QUE DESCUBRÍ *PEDRO PÁRAMO* NO PUDE LEER A NINGÚN AUTOR FUERA DE RULFO: TODOS ME PARECÍAN MENORES. EN ESE TIEMPO ERA CAPAZ DE RECITAR EL LIBRO COMPLETO SIN UNA FALLA APRECIABLE.

YO NACÍ EN JALISCO, UN ESTADO MUY POBRE. EN MEDIO DE ESE CAMINO SIN ORILLAS, LLANURA RAJADA POR GRIETAS Y ARROYOS SECOS, UNO CREE QUE NO HAY NADA. PERO HAY UN PUEBLO, Y EL OLOR DE ESA GENTE SE SABOREA COMO SI FUERA UNA ESPERANZA.

Rulfo ha sido un muy agudo intérprete de la lógica íntima, los modos de ser, el sentido idiomático y la poesía de las comunidades campesinas, confinadas a la marginalidad y el olvido. No obstante, aunque sus textos traten de la vida rural mexicana, la complejidad de su mundo poético, absolutamente propio, les da un valor para todo tiempo y lugar.

Carpentier / lo monumental

Alejo Carpentier (Cuba, 1904-1980), de padre francés y madre rusa, nació en La Habana y fue, en sus inicios como escritor, un activo impulsor del "negrismo". Su novela *El reino de este mundo* (1949) transcurre en Haití, país donde lo ancestral africano late con vigor, y se centra en la revolución contra el tirano Henri Christophe (1767-1820). En el prólogo utilizó por primera vez el concepto "real maravilloso", que alude a la coexistencia de mundos diferentes en un mismo espacio y tiempo, y que se difundiría en los años sesenta como algo esencial a America Latina.

POR LA VIRGINIDAD DEL PAISAJE, POR LA ONTOLOGÍA, POR LA PRESENCIA FÁUSTICA DEL INDIO Y DEL NEGRO, POR LA REVELACIÓN QUE CONSTITUYÓ SU RECIENTE DESCUBRIMIENTO, AMÉRICA LATINA ES EL LUGAR DE LO MARAVILLOSO: SU HISTORIA ES UNA CRÓNICA DE LO MARAVILLOSO EN LO REAL.

A Carpentier se le ha criticado su concepción ontológica de América Latina como lugar de lo maravilloso, bajo la idea de que la misma tiende a embellecer los horrores de la historia latinoamericana, construyendo una imagen *for export*, que los países centrales asimilan con "cándido" entusiasmo por lo exótico.

Toda la vasta obra de Carpentier está armada a partir de materiales tomados de la historia. Su novela más célebre, *El siglo de las luces* (1962), narra con una prosa barroca y una estructura clásica, la vida de tres personajes arquetípicos durante la Revolución Francesa en las Antillas. Otros de sus libros son: *Los pasos perdidos* (1953), diario de un músico cubano en el Amazonas, orientado a definir la relación entre España y América a partir de la conquista; *Concierto barroco* (1974), donde un criollo viaja por la Europa dieciochesca; *El arpa y la sombra* (1979), una confesión de Cristóbal Colón.

EN *EL SIGLO DE LAS LUCES* LOS PERSONAJES ESTÁN TAN CONNOTADOS POR LA HISTORIA QUE, POR EJEMPLO, EL PERSONAJE DE SOFÍA CASI NO PUEDE MOVERSE CON TODA LA UTILERÍA QUE CARPENTIER LE PROVEE.

QUÉ SABRÁS TÚ, NIÑO IRREVERENTE.

REINALDO ARENAS

Carpentier fue diplomático y ocupó diversos puestos en el gobierno de Fidel Castro. Durantes los años sesenta, tuvo una intensa presencia como escritor oficial, rango que le valió la antipatía de los escritores marginales al Estado, como Reinaldo Arenas y Guillermo Cabrera Infante. Su estilo es pomposo y recargado. Ostenta un monumental sistema de comparaciones interculturales, símbolos, escenarios ampliamente descritos y constantes remisiones a la arquitectura y la música.

La novela en los sesenta

En los años sesenta, varios factores sociales y políticos contribuyeron a modificar las expectativas respecto de la literatura hispanoamericana. Uno fue el impulso ocasionado por las
medidas desarrollistas, que buscaban modernizar América Latina con miras a una mayor integración al mercado mundial.
Otro fue la Revolución Cubana (1959), que hizo que el sueño
socialista se vislumbrara como un destino posible para los países del subcontinente.

EL ESTÍMULO DEL CONSUMO, LA INDUSTRIALIZACIÓN, EL AUMENTO
DEMOGRÁFICO Y EL PROGRESO DE LA EDUCACIÓN, AYUDARON A
ACRECENTAR EL NÚMERO DE LECTORES.

LA REVOLUCIÓN CUBANA MOVILIZÓ INQUIETUDES EN UN PÚBLICO
MAYORITARIAMENTE UNIVERSITARIO Y POLITIZADO, QUE ENCONTRÓ
EN LA NUEVA LITERATURA UN RENOVADOR TRATAMIENTO
DE LOS TEMAS QUE LO PREOCUPABAN.

RETOUR
A LA NORMALE...

El antiguo consumo restringido dejó paso a un público amplio.
De ese modo se produjo el salto de un consumo de elites a un
consumo de masas. Los sellos editoriales se volvieron un ne-
gocio rentable, y muchos nuevos nacieron al amparo de esa

La nueva narrativa tuvo una vasta acogida en Europa y los Estados Unidos. Esto incidió en el público hispanoamericano, reforzando el orgulloso nacionalismo que era común entonces. Los narradores empezaron a aparecer con frecuencia en los medios de comunicación, y ocuparon en ellos espacios que excedían los temas específicos de la literatura.

LA COYUNTURA Y EL HORIZONTE DE EXPECTATIVAS INCIDIERON EN LA REFORMULACIÓN DE LA FUNCIÓN DEL ESCRITOR, AFIANZANDO UNA FIGURA QUE PODRÍAMOS LLAMAR "NARRADOR INTELECTUAL".

LOS NARRADORES FUERON TEORIZADORES DE LA CULTURA. REFLEXIONARON SOBRE LO CONTEMPORÁNEO Y SE CONSTITUYERON COMO INTÉRPRETES ENTRE SU PÚBLICO Y LOS PROBLEMAS DE LA ÉPOCA.

ANGEL RAMA

Los escritores salían de su rol de "especialistas en literatura", y participaban de debates en torno a la revolución o el compromiso del escritor en el contexto latinoamericano. Por otra parte, si bien no existe homogeneidad en cuanto al nivel de involucramiento de los autores, se advierte en sus obras una fuerte presencia del tema del poder y una voluntad de tomar posición ante cuestiones políticas.

Las sociedades latinoamericanas buscaban definirse a sí mismas y, por ende, revisaban el pasado. Con optimismo, la literatura pareció hacerse cargo de esa búsqueda: desarrolló insistentemente una idea de la ficción como medio para recrear una memoria histórica, y funcionó como proveedora de identidad.

SE INTENTABA AFIRMAR UNA UNIDAD DE RAÍZ Y DESTINO PARA LA REGIÓN. SE SENTÍA QUE ÉSTA ESTABA A PUNTO DE INGRESAR COMO INTERLOCUTORA DE PLENO DERECHO A LA HISTORIA UNIVERSAL.

EL ÉXITO DE VENTAS DE LA NUEVA LITERATURA SE VINCULA CON LA CONVICCIÓN DE QUE LA TORTUOSA HISTORIA DE AMÉRICA LATINA HABÍA ENTRADO EN SU ETAPA FINAL.

TULIO HALPERIN DONGHI

La consolidación de editoriales independientes armó un circuito de intercambio interno en Latinoamérica, ayudando a que se difundiera la actividad literaria en su vertiente más contestataria y experimental. También los críticos literarios avalaron ese rumbo: fomentaron la creencia en una unidad entre los países latinoamericanos, y reorganizaron toda la tradición desde tal perspectiva. Los nuevos escritores, de parabienes.

La irrupción del fenómeno que se conoce como **boom latinoamericano,** se debe a todos los cambios descritos. En el *boom* convergieron la aparición de una serie de novelas novedosas (*Cien años de soledad, Rayuela, La ciudad y los perros, La muerte de Artemio Cruz*, entre otras) y un público de lectores y críticos receptivos a lo nuevo. De todos modos, la idea de boom, que en términos de marketing indica una brusca alza de las ventas, designa menos un hecho literario que un suceso comercial. Puede decirse que fue el modo en que, entre los años 1964 y 1972 aproximadamente, se reflejaron en el mercado las transformaciones que venían produciéndose.

Las novelas de estos autores fueran aplaudidas en Hispanoamérica y luego traducidas y aclamadas en todo el mundo, debido tanto a su calidad como a la eficacia de los medios publicitarios. El arrastre de la ola fue tal que también aumentaron las ventas de autores como Rulfo y Onetti, quienes habían publicado textos fundamentales en años anteriores, y que siempre se mostraron indiferentes a la propaganda y el estrépito de público. *Pedro Páramo*, por ejemplo, fue en esos años reeditada varias veces con tiradas de hasta de sesenta mil ejemplares.

Carlos Fuentes / el Balzac mexicano

La muerte de Artemio Cruz (1962) es la novela más representativa de la primera etapa de **Carlos Fuentes** (México, 1928). Narra el proceso de degradación moral del protagonista y, paralelamente, el aumento de su enriquecimiento material y de su poder político. La figura de Artemio Cruz aparece como símbolo de la reconversión de los ex revolucionarios, que se acomodan y pasan a integrar la clase dominante.

LA FUNCIÓN DEL ESCRITOR ES REINVENTAR EL PASADO POR MEDIO DE LA IMAGINACIÓN, DICIENDO LO QUE NO FUE DICHO POR LOS DISCURSOS OFICIALES.

LA MUERTE DE ARTEMIO CRUZ INTENTA ELUCIDAR LA COMPLEJIDAD DE LA REVOLUCIÓN Y DE LAS GUERRAS CIVILES DE MÉXICO. EN UN PAÍS COMO EL MÍO, EL INTELECTUAL NO PUEDE SER AJENO A LA LUCHA POR UNA TRANSFORMACIÓN POLÍTICA.

La estructura de esta novela causó, al aparecer, un efecto sorpresa, ya que el discurso del narrador se expresa en primera, segunda y tercera persona, según distintos planos de conciencia y temporalidades. Fuentes reinvindica la herencia española en México y su conjunción con lo indígena, en oposición a lo angloamericano. Todas sus novelas participan del debate sobre la identidad cultural y política de su país.

En la obra de Fuentes se advierten tres etapas:

La primera –que va desde los cuentos de *Los días enmascarados* (1954) hasta los de *Cantar de ciegos* (1964), e incluye su primera novela, *La región más transparente* (1958)– se caracteriza por la experimentación formal y por la "filosofía de lo mexicano".

La segunda –que va hasta 1980 y de la cual forman parte *Cambio de piel* (1967), *Zona Sagrada* (1967) y *Terra Nostra* (1975)– se caracteriza por un grado máximo de experimentación.

La tercera y última –que comprende novelas como *Gringo viejo* (1985) y *Diana o la cazadora solitaria* (1994)– tiende al abandono de la experimentación.

La obra de Fuentes propone un sistema de interpretación crítica de la realidad mexicana, y recurre permanentemente al mito como matriz narrativa. No hay, en los años sesenta autor más emblemático que él de la idea de la literatura como creadora de grandes relatos y dadora de identidad.

Zona Sagrada y *Cambio de piel* son sus novelas más experimentales. Ambas fueron publicadas en 1967, precisamente un año que se distingue, junto con los dos que le siguieron, por una explosión de novelas que intentaban llevar los juegos del lenguaje hasta sus formas más atípicas. La experimentación narrativa comenzaba a alcanzar su punto cúlmine.

EN TORNO A LA CONVERGENCIA DE CUATRO DESTINOS AL PIE DE LA PIRÁMIDE DE CHOLULA, **CAMBIO DE PIEL** PRESENTA UN AMBICIOSO TEJIDO DE REFERENCIAS QUE SE VAN HACIENDO ECO. DESDE LOS TIEMPOS DE HERNÁN CORTÉS AL SÓRDIDO PRESENTE EN QUE VIVEN LAS DOS PAREJAS PROTAGONISTAS, EL MÉXICO DE HOY SE CONFUNDE CON SU PASADO, LA RUTINA CON EL RITUAL, LA MÁSCARA CON LA TRANSPARENCIA.

"Olfateo a mi alrededor: es el olor del celuloide mojado, de las películas de Claudia. No quiero dormir. Nosotros sabemos que el sueño es la fotografía de la muerte. Cuando sueño, sólo veo a una muchacha muerta al lado de mi caballo muerto en una playa muerta."

–Carlos Fuentes, en *Zona Sagrada*

En *La nueva novela hispanoamericana* (1969), Fuentes analiza los cambios que se daban en la narrativa de esos años y la compara con la anterior. Sus novelas *Terra Nostra* y *Cristóbal Nonoato* (1987), totalizadores proyectos de mostrar la realidad hispanoamericana, ponen de algún modo en práctica el programa que se desprende de ese ensayo.

Julio Cortázar / hacia la utopía

Julio Cortázar (Argentina, 1914-1984) fue probablemente el escritor hispanoamericano de más popularidad en la década. *Rayuela* (1963), la novela que elevó su nombre, posee una estructura fragmentaria que propone dos lecturas: una con hilo argumental pero discontinua en cuanto a la paginación; y la otra, lineal en la paginación pero discontinua en cuanto al hilo argumental. Transcurre en París y Buenos Aires y tiene como personajes centrales a Horacio Oliveira y La Maga. Su impacto fue descomunal: si la juventud norteamericana de los años sesenta estuvo marcada por la *beat generation*, la hispanoamericana se hizo eco del trasnochado imaginario de Cortázar, a tal punto que todas las chicas querían ser La Maga.

No puedo ser indiferente al hecho de que mis libros hayan encontrado en los jóvenes un eco vital. Sé de escritores que me superan en muchos terrenos y cuyos libros, sin embargo, no entablan con los hombres latinoamericanos el combate fraternal que libran los míos.

"El desorden en que vivíamos, es decir, el orden en que un bidé se va convirtiendo por obra natural y paulatina en discoteca y archivo de correspondencia por contestar, me parecía una disciplina necesaria."
—de *Rayuela*

Después de la publicación de *Bestiario* (1951), su primer libro de cuentos, Cortázar se radicó en Francia. Su obra está profundamente influenciada por el surrealismo; la recorre una sed lúdica y erótica que tiende a perseguir una utopía: la reconciliación entre literatura y vida, sueño y vigilia, ficción y realidad.

Su búsqueda surrealista en pos de la reconciliación de lo escindido, lo llevó a valerse de una serie de figuras cuya función es producir una unión entre dos elementos disímiles. El umbral, el anillo de Moebius, los pasajes y, sobre todo, el puente, son símbolos que insisten en la mayoría de sus textos. Clara muestra de ello es "Lejana", cuento en el que una burguesita se encuentra en un puente con una mendiga, se dan un abrazo y, al hacerlo, intercambian sus identidades.

MI INTERÉS POR UNIR LOS OPUESTOS PROCEDE DEL DESEO DE LLEGAR A ESA ESPECIE DE ISLA FINAL EN LA QUE EL HOMBRE SE ENCONTRARÍA CONSIGO MISMO EN UNA SUERTE DE RECONCILIACIÓN TOTAL Y ANULACIÓN DE TODAS DIFERENCIAS.

La obra de Cortázar está atravesada por ese impulso utópico que ansía la redención del ser humano. Su adhesión al socialismo, un giro que dio ya en la adultez, le permitió fusionar su creencia surrealista en el arte como un instrumento revolucionario, con ideales políticos de igualdad y justicia. El autor imaginaba la literatura comprometida en una revolución espiritual y cognoscitiva, que debía contribuir a transformar las categorías con que los occidentales percibimos el mundo.

62 modelo para armar (1968) continúa la línea abierta por *Rayuela* pero de un modo más arriesgado y pesimista. La búsqueda de reconciliación entre literatura y vida, ficción y realidad, sueño y vigilia, termina en desastre. Otro grupo de intelectuales noctámbulos viaja por varias ciudades europeas, y en ninguna encuentra asilo a su confusa sensación de fracaso. Se trata de una novela compleja, de lectura exigente, armada sobre la base de lo que Cortázar llamaba "las figuras".

CADA VEZ MÁS SIENTO QUE NUESTROS DESTINOS INDIVIDUALES SON PARTE DE FIGURAS QUE DESCONOCEMOS. CREO EN LA EXISTENCIA DE LIGAZONES SECRETAS QUE NOS INTERRELACIONAN Y DECIDEN NUESTRO RUMBO AL MARGEN DE TODA EXPLICACIÓN CAUSAL.

MI PAREDRO TIENE RAZÓN CUANDO DICE QUE SARTRE ESTÁ LOCO Y QUE SOMOS MUCHO MÁS LA SUMA DE LOS ACTOS AJENOS QUE DE LOS PROPIOS.

ESTÁS AQUÍ POR UNA COSA QUE OCURRIÓ SIN QUE TUVIERAS NADA QUE VER. Y OTRA VEZ TENEMOS QUE PENSAR QUE NOS USAN, QUE SERVIMOS VAYA A SABER PARA QUÉ.

62... es una novela con mucho de psicoanalítico, romántico y, por supuesto, surrealista. Los protagonistas van errando por la ciudad como sonámbulos, sometidos a los dictados de un orden profundo y prelógico. El humor que siempre recorre los textos del autor, no tiene una gran presencia en éste.

Después del fracaso de público con el agudo experimentalismo de *62*, Cortázar publicó un texto mucho más sencillo: *El libro de Manuel* (1973). Esa novela surgió a partir de su necesidad de hacer explícito su compromiso con el socialismo. Una pared de ladrillo aparece como metáfora del sistema que apresa y que habría que voltear. Sin embargo, se trata del libro menos valioso de su obra en términos formales.

SÉ MUY BIEN QUE MIS LECTORES NO SE CONTENTAN CON LEERME COMO ESCRITOR, SINO QUE MIRAN MÁS ALLÁ DE MIS LIBROS Y BUSCAN MI CARA, BUSCAN ENCONTRARME ENTRE ELLOS, SABER QUE MI PARTICIPACIÓN EN LA LUCHA POR AMÉRICA LATINA NO SE DETIENE EN LA PÁGINA FINAL DE MIS NOVELAS O DE MIS CUENTOS.

En sus perdurables volúmenes de cuentos (*Todos los fuegos el fuego*, *Final del juego*, *Las arma secretas*, entre otros), le da un tratamiento fantástico a la rutina, insípida y gris, de personajes pequeño burgueses. Recientemente se han compilado sus *Cartas*, valioso volumen que brinda un retrato de su honestidad intelectual, y permite apreciar sus opiniones sobre diversos temas histórico-políticos (la Segunda Guerra Mundial, el peronismo, el Mayo Francés, la Revolución Cubana, la muerte del Che, la dictadura militar argentina, el sandinismo en Nicaragua).

Mario Vargas Llosa/del fuego al hielo

Algunos señalan el inicio del *boom* con la fecha en que *La ciudad y los perros* (1963) de **Mario Vargas Llosa** (Perú, 1936) ganó el Premio Biblioteca Breve de la editorial Seix Barral. La novela, bastante simple en su planteo, está protagonizada por jóvenes conscriptos de un colegio militar de Lima en cuyo interior los "perros" (los cadetes) reproducen cotidianamente la corrupción que rige afuera. Mil ejemplares fueron quemados en el patio de ese colegio limeño del cual Vargas Llosa había sido alumno.

RICARDO ARANA, ALIAS "EL ESCLAVO", MUERE CON UNA BALA DE FUSIL EN LA ESPALDA. ALBERTO DENUNCIA AL JAGUAR COMO ASESINO, SIN PRUEBAS. ¿LO HACE POR AMOR AL MUERTO O POR SU PROPIO SENTIMIENTO DE INFERIORIDAD? COMO DIJO MI EX AMIGO CARLOS FUENTES: EL JUEGO DE LA JUSTICIA ES AQUÍ LA TRAGEDIA DE LA AMBIGÜEDAD.

Vargas Llosa, aferrado en ese momento a las tesis de Sartre sobre el compromiso del intelectual, hace del colegio un reflejo que denuncia a la sociedad peruana. Por otra parte, emplea técnicas modernas como la discontinuidad cronológica y la pluralidad de perspectivas y hablantes, para enriquecer su poética de afán realista.

Su novela más ambiciosa, *Conversación en La Catedral* (1969), transcurre durante la dictadura peruana (1948-1956) y presenta una compleja estructura de cuatro libros estilísticamente diferenciados. El hilo conductor está dado por un diálogo entre dos personajes, Santiago y Ambrosio. La catedral mencionada en el título no es una iglesia sino un bar de poca monta, próximo a la perrera de la ciudad.

> "Desde la puerta de «La Crónica» Santiago mira la avenida Tacna, sin amor: automóviles, edificios desiguales y descoloridos, esqueletos de avisos luminosos flotando en la neblina, el mediodía gris. ¿En qué momento se había jodido el Perú?"
>
> –de *Conversación en La Catedral*

SI TUVIERA QUE SALVAR DEL FUEGO UNA SOLA DE LAS NOVELAS QUE HE ESCRITO, SALVARÍA **CONVERSACIÓN EN LA CATEDRAL**.

El texto recrea la opresión de la sociedad peruana bajo la dictadura del general Manuel Apolinario Odría (Perú, 1897-1974). Está narrada desde perspectivas múltiples y con recursos ligados al lenguaje cinematográfico.

Otras buenas novelas del autor son *Los Cachorros* (1967), donde se retoma el mundo juvenil de *La ciudad y los perros* con mayor eficacia, y sobre todo, *La Casa Verde* (1966), que gira en torno a un prostíbulo ubicado en medio del desierto. Luego publicó algunas menos ambiciosas, pero divertidas, como *Pantaleón y las visitadoras* (1973) y *La tía Julia y el escribidor* (1977).

¿EL FONDO DE NUESTROS PROBLEMAS ECONÓMICOS ESTÁ EN EL CONTROL QUE ALGUNOS PAÍSES EJERCEN SOBRE OTROS?

EN ABSOLUTO. EL PROBLEMA ES QUE, A PESAR DE QUE HOY EXISTEN TODAS LAS CONDICIONES PARA PROCESOS DE DESARROLLO AVANZADOS, LA MAYORÍA DE LOS PAÍSES LATINOAMERICANOS ELIGEN EL SUBDESARROLLO.

En 1990, Vargas Llosa, quien solía decir que "la literatura es una forma de insurrección permanente", se postuló con la derecha a la presidencia de su país. Sus últimos libros ensayísticos registran ese cambio en su pensamiento. El más molesto e inteligente se titula *Los desafíos de la libertad* (1994); el último, de tono casi senil, *El lenguaje de la pasión*.

García Márquez / creador de mitos

La conferencia que **Gabriel García Márquez** (Colombia, 1928) impartió el día que le entregaron el Premio Nobel (1982), provee un resumen de su concepción de América Latina como un lugar donde todo es posible y al que le es inherente el realismo mágico. Ese mito es el elemento central de su obra narrativa.

HACE ONCE AÑOS, PABLO NERUDA ILUMINÓ ESTE ÁMBITO CON SU PALABRA. EN LAS CONCIENCIAS DE EUROPA HAN IRRUMPIDO DESDE ENTONCES LAS NOTICIAS FANTASMALES DE AMÉRICA LATINA, ESA PATRIA INMENSA DE HOMBRES ALUCINADOS Y MUJERES HISTÓRICAS, CUYA TERQUEDAD SIN FIN SE CONFUNDE CON LEYENDA.

ME ATREVO A PENSAR QUE ES ESA REALIDAD DESCOMUNAL, Y NO SÓLO SU EXPRESIÓN LITERARIA, LA QUE HA MERECIDO LA ATENCIÓN DE LA ACADEMIA SUECA DE LA LETRAS. LOS ESCRITORES HEMOS TENIDO QUE PEDIRLE MUY POCO A LA IMAGINACIÓN, PORQUE EL DESAFÍO MAYOR HA SIDO LA INSUFICIENCIA DE LOS RECURSOS CONVENCIONALES PARA HACER CREÍBLE NUESTRA VIDA.

A diferencia de la del resto de los escritores del *boom,* la celebridad de García Márquez no ha tenido que ver con la figura del intelectual. Nunca se dio alardes de teórico y sigue reivindicando el oficio de periodista, que ejerce desde su juventud. El carismático "Gabo" es, sin embargo, uno de los narradores más famosos del mundo.

Su novela *Cien años de soledad* (1967) cuenta la historia de una estirpe condenada por su falta de amor. En ella aparece sin parar un recurso vital en García Márquez: la hipérbole o exageración. Procedimiento que se complementa a la perfección con ese otro componente de sus textos que es el mito. La destreza con que los maneja tiene vasto alcance: *Cien años*... lleva vendidos ya más de veinte millones de ejemplares.

SE DICE QUE EL PROCEDIMIENTO PRINCIPAL DE SUS LIBROS ES LA HIPÉRBOLE.

LAS HIPÉRBOLES NO ESTÁN EN LO QUE ESCRIBO YO SINO EN LA REALIDAD LATINOAMERICANA, QUE ES TOTALMENTE HIPERBÓLICA.

SI QUIERE UNA RESPUESTA MÁS SINCERA, DIRÉ LO SIGUIENTE: SI USTED ESCRIBE QUE HA VISTO VOLAR UN ELEFANTE, NADIE LO CREERÁ; PERO SI AFIRMA HABER VISTO VOLAR CUATROCIENTOS VEINTICINCO, ES PROBABLE QUE EL PÚBLICO LO CREA.

"El Coronel Aureliano Buendía promovió 32 guerras y las perdió todas. Tuvo 17 hijos varones de 17 mujeres distintas, que fueron exterminados en una sola noche."

—de *Cien años de soledad*

Mucho se ha afirmado que Macondo, pueblo ficticio donde transcurren no sólo éste sino varios de sus textos, sería una metáfora de Colombia o de América Latina. Más allá de que algunos datos puedan avalar esa idea, la novela invita a múltiples lecturas y, como dice el narrador, el gitano Melquíades, "nadie debe conocer su sentido mientras no hayan cumplido cien años".

"Era todavía la búsqueda y el exterminio de los malhechores, asesinos, incendiarios y revoltosos del Decreto Número Cuatro, pero los militares lo negaban a los propios parientes de sus víctimas, que desbordaban la oficina de los comandantes en busca de noticias."

"Lo más temible de la enfermedad del insomnio no era la imposibilidad de dormir, pues el cuerpo no sentía cansancio alguno, sino su inexorable evolución hacia una manifestación más crítica: el olvido."

–adaptado de
Cien años de soledad

Del resto de su obra se destacan *La hojarasca* (1955), *Crónica de una muerte anunciada* (1981), *Los funerales de la Mamá Grande* (1962) y *El coronel no tiene quien le escriba* (1961). Esta última cuenta la historia de un coronel que aguarda el sobre con su pensión de guerra, que nunca llega. Mientras enfrenta estoicamente la pobreza, deposita sus esperanzas en el futuro de un gallo de riña, en el que su sensata esposa no confía. El relato se cierra con un memorable final:

"El coronel necesitó setenta y cinco años —los setenta y cinco años de su vida, minuto a minuto— para llegar a ese instante. Se sintió puro, explícito, invencible, en el momento de responder..."

—de *El coronel no tiene quien le escriba*

"Y MIENTRAS TANTO QUÉ COMEMOS. DIME, QUÉ COMEMOS."

TUS AMIGOS

¡MIERDA!

La miseria de los ambientes donde transcurren los historias de García Márquez se ve siempre atenuada por el temple poético y encantatorio de su estilo. El autor intervino muchas veces en política, y avalado por su fama obró como embajador extra oficial de América Latina. Ligado al pensamiento de izquierda, se ha proclamado en favor de los derechos humanos y contra la intromisión norteamericana en otros países. Es amigo personal de Fidel Castro y lo fue también del panameño Omar Torrijos (Panamá, 1921-1981).

José Donoso / *construyendo sueños*

Hipocondríaco y con aire de lánguido profesor inglés, **José Donoso** (Chile, 1924-1997) debutó en el mundo literario con una novela titulada *Coronación* (1957), donde retrata la decadencia de la clase alta chilena, a la que pertenecía. Luego de ella tendió a ir abandonando el impulso realista y produjo textos inquietantemente oníricos. El más valioso de ellos se titula *El obsceno pájaro de la noche* (1970).

> DONOSO FUE UN VIEJO PRECOZ, JUGABA A SER VIEJO CUANDO ERA UN HOMBRE JOVEN Y CULTIVABA SUS ENFERMEDADES COMO OTROS CULTIVAN LAS FLORES DE SU JARDÍN, CON VERDADERO AMOR. HABÍA JUEGO Y TAMBIÉN UN CIERTO HECHIZO POR EL MUNDO DEL VIEJO Y DEL ENFERMO.

¡COF! ¡COF!

La estructura dramática de *Obsceno pájaro*... descansa en la esperanza del nacimiento de un niño milagroso, que será dado a luz, secretamente, por una huérfana alojada en un asilo, y que salvará a sus habitantes de la destrucción.

También valiosas y de compleja resolución son sus novelas *El lugar sin límites* (1966) y *Casa de campo* (1978). Más adelante, Donoso publica textos de menor envergadura, como *La misteriosa desaparición de la Marquesita de Loria* (1980), entre otros. En 1972, da a conocer su *Historia personal del boom*, un anecdotario sobre el *backstage* literario de la época, y a la vez un logrado gesto en pos de autoposicionarse como escritor.

En *Historia personal*..., Donoso hace referencia a un libro muy elogiado entonces, *Los nuestros* (1966), de Luis Harrs, que partiendo de entrevistas a diez autores ofrece un excelente panorama de la literatura latinoamericana. Según Donoso, Harrs recurrió a escritores que parecían definitivos "pero cuya primacía en cuanto a reputación y calidad literaria (...) ya parece discutible". Esos escritores eran: Borges, Onetti, Rulfo, Cortázar, García Márquez, Fuentes, Vargas Llosa, Asturias, Carpentier y Joa Guimaraes Rosa (Brasil, 1908-1967).

Roa Bastos / la pluma del Paraguay

Tanto *El recurso del método* de Carpentier, como *El otoño del patriarca* de García Márquez y *Yo el Supremo* (1974) de **Augusto Roa Bastos** (Paraguay, 1917), surgieron de una invitación que les hizo Carlos Fuentes, quien estaba preparando una colección de novelas sobre dictadores latinoamericanos. Los invitados cumplieron, pero el proyecto editorial no llegó a concretarse. *Yo el Supremo* se convirtió, no obstante, en uno de los principales títulos de la literatura paraguaya.

EL TEMA DEL PODER APARECE EN TODA MI OBRA, YA SEA EN FORMA POLÍTICA, RELIGIOSA O EN UN CONTEXTO FAMILIAR. EL PODER CONSTITUYE UN TREMENDO ESTIGMA. ES UNA CONDICIÓN ANTILÓGICA QUE PRODUCE UNA SOCIEDAD ENFERMA.

DESDE NIÑO SENTÍ LA NECESIDAD DE OPONERME AL PODER, AL BÁRBARO CASTIGO POR COSAS SIN IMPORTANCIA, CUYAS RAZONES NUNCA SE MANIFIESTAN.

¡AUGUSTO! ¡YA TE DIJE QUE NO TOQUES ESO! ¡ESTÁS CASTIGADO!

Yo el Supremo narra la historia de José Gaspar Rodríguez de Francia (1766-1840), quien se declaró dictador perpetuo del Paraguay, y lo gobernó como un hermético feudo durante la primera mitad del siglo XIX.

Su primer volumen de cuentos fue *El trueno entre las hojas* (1953), y su primera novela, *Hijo de hombre* (1960). Ambos libros se publicaron en la Argentina, ya que en 1947 Roa Bastos debió exiliarse de su país y se instaló en Buenos Aires. En 1976 se trasladó a Francia, pero su obra narrativa siguió ligada a la historia paraguaya. Así como José María Arguedas escribió en una lengua literaria que rompe la sintaxis natural del español para asemejarla a la del quechua, Roa Bastos también ha abrevado de la oralidad de su país para forjar una lengua con ecos del guaraní.

"Los nativos veían crecer el ingenio como un enorme quiste colorado. Lo sentían engordar con su esfuerzo, con su sudor, con su temor."

—de "El trueno entre las hojas"

COMO ESCRITOR QUE NO PUEDE TRABAJAR LA MATERIA DE LO IMAGINARIO SINO A PARTIR DE LA REALIDAD, SIEMPRE CREÍ QUE PARA ESCRIBIR ES NECESARIO LEER ANTES UN TEXTO NO ESCRITO, ESCUCHAR Y OÍR ANTES LOS SONIDOS DE UN DISCURSO ORAL INFORMULADO AÚN PERO PRESENTE YA EN LOS ARMÓNICOS DE LA MEMORIA.

Hijo de hombre comienza con acontecimientos ocurridos en la época de Rodríguez de Francia y en la Guerra de la Triple Alianza. Esta novela, que le dio celebridad en el medio literario, conforma, junto con *Yo el Supremo* y otra posterior, *El fiscal* (1993), una trilogía sobre lo que él llama "el monoteísmo del poder".

Cabrera Infante/acróbata del lenguaje

Guillermo Cabrera Infante (Cuba, 1929) escribió dos grandes novelas: *Tres tristes tigres* (1967) y *La Habana para un infante difunto* (1979). Sus padres fueron fundadores del Partido Comunista en la provincia de Oriente, en Cuba, pero él vivió exiliado casi la mitad de su vida. Lo distingue su carácter sardónico y provocador, humorista, melancólico.

¿CUÁL ES SU POSICIÓN DENTRO DEL *BOOM*?

INCLÚYANME AFUERA.

¿QUÉ SIGNIFICA SER UN ESCRITOR EXILIADO?

PARA MÍ ES ESENCIALMENTE SER UN ESCRITOR QUE HA PERDIDO SU LECTOR NATURAL, QUE ES EL LECTOR DE CUBA.

El estilo de Cabrera Infante, rebosante de cómicos juegos de palabras, coloquialismos, aliteraciones, acrobacias verbales, ha sido insistentemente imitado por escritores más jóvenes.

En *Tres tristes tigres* predominan los juegos lingüísticos y la intención de reproducir el habla coloquial de Cuba, en particular, la jerga nocturna. La novela se presenta como un colage de voces y recrea la noche habanera de fines de los años cincuenta. En *Ella cantaba boleros* (1996), recupera la historia de *Tres tristes tigres*, tomando como protagonista a la cantante cubana Freddy, La Estrella.

ERA UNA MULATA ENORME, GORDA GORDA, DE BRAZOS COMO MUSLOS Y DE MUSLOS QUE PARECÍAN DOS TRONCOS SOSTENIENDO EL TANQUE DE AGUA QUE ERA SU CUERPO.

Y SIN MÚSICA, QUIERO DECIR, SIN ORQUESTA, COMENZÓ A CANTAR UNA CANCIÓN DESCONOCIDA, NUEVA, QUE SALÍA DE SU PECHO, DE SUS DOS ENORMES TETAS, DE SU BARRIGA DE BARRIL, DE AQUEL CUERPO MONSTRUOSO.

Cabrera Infante ha sido también un excelente crítico de cine y uno de los escritores que más tempranamente hicieron uso de materiales tomados de los medios masivos de comunicación.

La Habana para un infante difunto, su obra mayor, es una novela de aprendizaje que narra, en clave autobiográfica, la iniciación erótica del protagonista y, al mismo tiempo, su descubrimiento del cine, la música, la literatura. Su deliciosa y cautivante atmósfera remite a la ciudad de La Habana pero, fundamentalmente, a la memoria del exiliado que hila fragmentarios recuerdos de juventud.

EL PERSONAJE CENTRAL ESTÁ EMPEÑADO, MÁS QUE EN BUSCAR A LA MUJER, EN UNA BÚSQUEDA DE LA FELICIDAD. Y EL LIBRO TERMINA EN UN FANTÁSTICO Y CINEMATOGRÁFICO FINAL FELIZ, COMO EN UNA PELÍCULA POPULAR.

El aprendizaje erótico del narrador de *La Habana* forma parte de una sinfonía donde la ciudad es el soporte del relato, y la mujer otorgadora de dones y de conocimiento. Paradójicamente, desde hace más de treinta años, el autor vive en una de las ciudades menos tropicales del mundo: Londres. Y sigue lamentando que en Cuba no esté permitido acceder a sus libros.

La oleada de dictaduras militares que sacudió a los países del subcontinente hizo que la producción cultural quedara sometida a la censura y a la amenaza de represalias violentas. Muchos textos circularon de manera clandestina o se publicaron en el exilio; otros lograron pasar inadvertidos, probablemente porque la complejidad con que presentaban una visión crítica no fue entendida por los represores. Con el apoyo de los Estados Unidos, los gobernantes clausuraron las políticas desarrollistas y, además, instrumentaron el Plan Cóndor, un operativo de inteligencia extrafronterizo, cuyo fin era poder exterminar en cualquier parte a sus opositores.

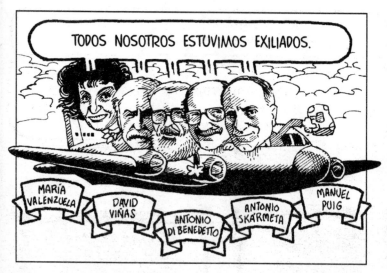

TODOS NOSOTROS ESTUVIMOS EXILIADOS.

MARÍA VALENZUELA

DAVID VIÑAS

ANTONIO DI BENEDETTO

ANTONIO SKÁRMETA

MANUEL PUIG

Los escritores que siguen ya habían comenzado a publicar por los años del *boom,* pero por diversas razones no participaron de ese fenómeno. La mayoría de ellos adquirió notoriedad más tarde, y algunos –como Reinaldo Arenas y Antonio Skármeta– fueron a veces incluidos en lo que se llamó "generación *postboom".* Dado que las clasificaciones resultan siempre insuficientes, presentamos simplemente a escritores importantes que surgieron con anterioridad a 1975, fecha que tomamos como límite de este libro.

Rodolfo Walsh / por una literatura política

Rodolfo Walsh (Argentina, 1927-1977), periodista y militante revolucionario, escribió libros estrechamente vinculados con la zona turbia de la política argentina. El de más repercusión fue *Operación Masacre* (1957), montaje de discursos que es resultado de una investigación periodística sobre los fusilamientos clandestinos de un grupo de trabajadores peronistas. Walsh anticipó en Hispanoamérica un género novedoso que, cuando años después fue practicado por escritores norteamericanos como Norman Mailler (1923) o Truman Capote se dio en llamar *non fiction novel*. Su novela agotó diez ediciones y fue leída, tal como él quería, por las clases populares.

> LA MÁQUINA DE ESCRIBIR, SEGÚN COMO LA MANEJES,
> PUEDE SER UN ABANICO O UNA PISTOLA.

> NO CONCIBO EL ARTE SI NO ESTÁ RELACIONADO DIRECTAMENTE
> CON LA POLÍTICA. LA LITERATURA DEBE INTENTAR INFLUIR REAL
> Y DIRECTAMENTE SOBRE LA VIDA. HOY POR HOY, SÓLO ME INTERESA
> LA LITERATURA COMO VEHÍCULO SUBVERSIVO.

"Investigué y relaté estos hechos tremendos para darlos a conocer, para que inspiren espanto, para que no puedan jamás volver a repetirse. Quienquiera me ayude a difundirlos y divulgarlos, es para mí un aliado a quien no interrogo por su idea política."

–del prólogo a *Operación Masacre*

Walsh militó en el Peronismo de Base y en la organización Montoneros, la guerrilla más grande de América Latina. A mediados de 1959, se instaló en Cuba y fundó la agencia de noticias Prensa Latina. Gracias a sus conocimientos de criptógrafo aficionado, descubrió la invasión a Bahía Cochinos instrumentada por la CIA.

Walsh publicó, entre otros libros, *¿Quién mató a Rosendo?* (1969), *Un oscuro día de justicia* (1973) y *Los oficios terrestres* (1966). En este último se encuentra "Esa mujer", prestigioso relato que hace alusión al secuestro del cadáver de Eva Duarte de Perón (Argentina, 1919-1952). Pese a sus diferencias políticas, Walsh admiraba mucho los cuentos de Borges y de él aprendió la concisión, la precisión del adjetivo, la elegancia estilística.

"Desde el gran ventanal del décimo piso se ve la ciudad en el atardecer. Desde aquí es fácil amar, siquiera momentáneamente, a Buenos Aires. Pero no es ninguna forma concebible de amor lo que nos ha reunido. El coronel busca unos nombres, unos papeles. Yo busco una muerta, un lugar en el mapa."

—adaptado de "Esa mujer"

"ES MÍA. ESA MUJER ES MÍA".

Tras el golpe militar del 24 de marzo de 1976, Walsh creó la Agencia Clandestina de Noticias para denunciar las atrocidades cometidas por los militares argentinos. Ese mismo año, su hija Victoria, una militante de veintiséis años, muere en un enfrentamiento con el Ejército.

"Querida Vicky: Hoy en el tren un hombre decía 'Sufro mucho. Quisiera acostarme y dormir y despertarme dentro de un año'. Hablaba por él, pero también por mí." —de "Carta a Vicky"

Al cumplirse un año del golpe, Walsh escribió una "Carta Abierta" dirigida a la Junta Militar. La envió a las redacciones de los diarios, pero nadie la publicó. Al día siguiente, fue secuestrado y asesinado por un Grupo de Tareas de la Escuela de Mecánica de la Armada (ESMA), compartiendo el terrible destino de miles de argentinos que desaparecieron en ese período.

"El 24 de marzo de 1976 derrocaron ustedes a un gobierno del que formaban parte, a cuyo desprestigio contribuyeron como ejecutores de su política represiva, y cuyo término estaba señalado por elecciones convocadas para nueve meses más tarde.

La censura de prensa, la persecución a intelectuales, el allanamiento de mi casa en el Tigre, el asesinato de amigos queridos y la pérdida de una hija que murió combatiéndolos, son algunos de los hechos que me obligan a esta forma de expresión.

Tales son las reflexiones que en el primer aniversario de su infausto gobierno he querido hacer llegar a los miembros de esa Junta, sin esperanza de ser escuchado, con la certeza de ser perseguido, pero fiel al compromiso que asumí hace mucho tiempo de dar testimonio en momentos difíciles".

—Rodolfo Walsh, Buenos Aires, 24 de marzo de 1977.

LOS DIARIOS DIJERON QUE ERA UN HEROE. CONVENIENTEMENTE... ¡VEINTE AÑOS DESPUÉS!

¡GOOOOOOLLL!

EL RÍO DE LA PLATA ESTÁ PODRIDO, Y ES LÓGICO CON TANTOS MUERTOS.

David Viñas / crítica y provocación

Ocurrente, agresivo, mordaz, David Viñas (Argentina, 1929) ha sido y sigue siendo un inimitable intérprete de la historia argentina. Fue fundador y codirector de la revista *Contorno* (1953-1959), que nucleaba a un grupo de intelectuales interesados en analizar la sociedad y la literatura desde una perspectiva política. Esa perspectiva impregna su obra narrativa, compuesta por títulos como *Los dueños de la tierra* (1958), *Hombres de a caballo* (1967), *Jauría* (1971) o, formidables, *Cuerpo a cuerpo* (1979) y *Prontuario* (1993). Lo distingue la intransigencia de su postura crítica, que le ha valido la animadversión de muchos de sus pares.

UNO DE LOS EJES DE LA OBRA DE VIÑAS ES LA INDAGACIÓN SOBRE LAS FORMAS DE LA VIOLENCIA OLIGÁRQUICA, Y LA IMAGINACIÓN LIBERAL QUE ACOMPAÑA ESA OPRESIÓN Y LA DISFRAZA.

EL REALISMO MÁGICO ES LA VOZ QUE EL IMPERIALISMO CULTURAL Y LA ACADEMIA METROPOLITANA QUIEREN ESCUCHAR DE AMÉRICA LATINA.

SI UN INTELECTUAL CRÍTICO NO PIENSA EN EL SUICIDIO POR LO MENOS UNA VEZ AL AÑO, ENTONCES NO ES UN INTELECTUAL CRÍTICO. ¿ESTÁ CLARO?

Cuerpo a cuerpo, su novela más impresionante, aborda la situación de los intelectuales argentinos bajo la dictadura militar, mostrando cómo fueron absorbidos o exterminados por el régimen. El texto fue escrito desde el exilio, gracias al cual Viñas pudo escapar de la persecución política. No sucedió lo mismo con sus dos hijos, que fueron secuestrados y "desaparecidos".

Di Benedetto/la sintaxis del solo

Nacido en Mendoza, una provincia de la Argentina, **Antonio Di Benedetto** (Argentina, 1922-1986) fue un escritor que, respetuoso de su propia búsqueda, se mantuvo siempre al margen de las estéticas consagradas. Nada hay más ajeno a la prosa exuberante y vitalista del realismo mágico que su estilo lacónico. Su originalidad y el hecho de no residir en Buenos Aires, favorecieron que durante mucho tiempo no se le otorgara la relevancia que merece. Sin embargo, en los últimos años esto ha comenzado a cambiar. El escritor Juan José Saer es uno de los que ha contribuido a revertir esa injusticia.

LAS TRES PRINCIPALES NOVELAS DE DI BENEDETTO: *ZAMA*, *EL SILENCIERO* Y *LOS SUICIDAS*, EN RAZÓN DE LA UNIDAD ESTILÍSTICA Y TEMÁTICA QUE LAS RIGE, FORMAN UNA ESPECIE DE TRILOGÍA Y CONSTITUYEN UNO DE LOS MOMENTOS CULMINANTES DE LA NARRATIVA EN LENGUA CASTELLANA DE NUESTRO SIGLO.

ME PARECE QUE NUESTRA AMISTAD TE HACE EXAGERAR UN POCO...

Al igual que Walsh, pero sin una trayectoria de militancia política que pudiese haber dado un motivo, Di Benedetto fue detenido durante la dictadura militar. Afortunadamente, salió con vida del campo de detención un año después, en 1977, y se exilió en Europa. En 1983, volvió a su país, donde murió al poco tiempo.

De sus cuatro novelas, *Zama* (1956) es la que ha tenido mayor reconocimiento, y ha conquistado a los lectores europeos, en particular alemanes y españoles. Transcurre en el siglo XVIII y narra la historia de un funcionario del imperio español, que espera en Asunción del Paraguay ser trasladado a Buenos Aires. Diego de Zama soporta con resignación el hambre y la vergüenza.

MI SALARIO Y MI DESTINO DEBEN HABER QUEDADO TRASPAPELADOS EN ALGUNA LÚGUBRE OFICINA DE GOBERNO.

"DEBÍA LLEVAR LA ESPERA —Y EL DESABRIMIENTO— EN SOLILOQUIO, SIN COMUNICARLO. ESE A VECES INSOLENTE VENTURA PRIETO CONSIDERABA QUE, EN ESTA TIERRA LLANA, YO PARECÍA ESTAR EN UN POZO."

Fruto perfecto de una pluma austera y punzante, la novela está dedicada "a las víctimas de la espera". El tono parco del narrador, así como su temperamento inseguro y su autoironía, son constantes en todos los narradores de Di Benedetto. La sintaxis de sus textos da un aire enrarecido y lento, surcado por tensos silencios.

En una situación igual de agónica, sintiéndose real y metafóricamente acosado por toda clase de ruidos, se encuentra el protagonista de *El silenciero* (1964). En la siguiente novela, *Los suicidas* (1969), el narrador es un cronista involucrado en el seguimiento de una serie de suicidios, quien a la vez atraviesa una etapa crítica de su vida personal.

"DE DÍA PENSÉ QUE ME FALTABAN, HASTA EN EL SUEÑO, DONES O AMBICIÓN DE HÉROE."

"En el estadio mi belicosidad es colectiva, mis atrocidades concurren a mezclarse en el aire con las que sueltan los demás. Me descargo. Una noche por semana. El resto de los días no se puede incitar a matar al prójimo, ni siquiera desahogarse de todo lo que nos ofende y nos rebaja."

—de *Los suicidas*

YO CREO QUE EL HOMBRE NO ES NATURALMENTE BUENO. PIENSO MAL DEL HOMBRE. NO ES QUE PIENSE MAL DE MI SEMEJANTE. SENCILLAMENTE PIENSO QUE YO NO TENGO LAS VIRTUDES QUE DEBERÍA TENER.

En la obra de Di Benedetto hay una visión pesimista de la naturaleza humana. Al igual que los de Franz Kafka o Fedor Dostoievski –autores a quienes admiraba–, sus libros llevan a pensar en los aspectos más desesperantes de la existencia, y están impregados de soledad.

Elena Garro / la fuerza de la debilidad

Elena Garro (México, 1920-1998) es una figura de fuerte peso en la cultura mexicana, tanto por su obra como por su polémica personalidad. Desde su participación en la revuelta estudiantil de 1968, su denuncia a los intelectuales y su estruendoso divorcio del escritor Octavio Paz, ha ganado detractores y admiradores por igual. Autoexiliada durante veinte años, hizo de su imaginación un arma de primer orden para imponer sus visiones, a través de textos que se llevan por delante el imaginario realista y machista de su país.

> GARRO HA TENIDO EL TALENTO DE TRANSFORMAR SUS PENURIAS EN UN ABSURDO Y CAUTIVANTE CANTO A LA DEBILIDAD Y A LA REBELDÍA, AUNQUE ESTA ÚLTIMA PAREZCA EN SU OBRA CONDUCIR A LA SOLEDAD O INCLUSO AL SUICIDIO.

> MIS MAYORES INNOVACIONES SE JUEGAN EN EL PLANO DE LA TEMPORALIDAD DE LOS TEXTOS Y LA ALTERACIÓN DE LAS LEYES LÓGICAS, PORQUE A MÍ SIEMPRE ME PASA TODO AL REVÉS.

Su primera publicación fue la novela *Los recuerdos del porvenir* (1963). Luego vinieron el volumen de cuentos *La semana de colores* (1964), y dos novelas en clave autobiográfica: *Andamos huyendo Lola* (1980) y *Testimonios sobre Mariana* (1981), de la cual su ex marido sale francamente mal parado. El tema de la madre y la hija perseguidas por un ex esposo brutal, trepador, diabólico, siguió apareciendo en muchos de sus libros posteriores.

Elena Poniatowska / con otras voces

Hasta no verte Jesús mío (1961), primera novela de **Elena Poniatowska** (México, 1932), es el monólogo de una anciana analfabeta –entrevistada por la autora– que cuenta la historia de la revolución mexicana. En la segunda, *La noche de Tlatelolco. Testimonios de historia oral* (1971), a partir de múltiples versiones reconstruye los periplos del movimiento estudiantil de 1968 y la matanza del 2 de octubre, bajo el gobierno de Gustavo Díaz Ordaz. *Nadie, nadie: las voces del temblor* (1987) gira en torno al terremoto que su país padeció en 1985. La mayor parte de su obra responde al género del relato testimonial, que mezcla la labor periodística y la literaria.

> Yo trabajo con la memoria. Entrevisto gente y la hago recordar, y luego trato de reflejar ese recuerdo.

> Mi intención es representar la perspectiva de los vencidos: construir un cauce para que se oigan sus voces.

Su técnica narrativa puede vincularse con la de Rodolfo Walsh. De hecho, al igual que él, Poniatowska ha ejercido durante toda su vida el oficio de periodista. Su principal procedimiento es borrar al narrador para que se oigan las voces de los "otros". Para ella, el arte de la escritura consiste en realizar un montaje inteligente de esas voces. En la voluntad de dar por tierra con el narrador, su obra se acerca también a la de Manuel Puig.

Puig / contra la ortodoxia literaria

Manuel Puig (Argentina, 1932-1990) tuvo en vida un gran éxito de público y fue uno de los escritores más profesionalizados de la Argentina. *La traición de Rita Hayworth* (1968), su primera novela, se centra en un niño a quien su madre lleva todos los días al cine para aliviar el tedio de la vida provinciana. La supresión de la voz del narrador y el recurso al colage ya están presentes en ella, pero el uso de esos recursos que distinguen su obra, se fue perfeccionando hasta alcanzar su mayor expresión en *Maldición eterna a quien lea estas páginas* (1981).

> EL ESCRITOR QUE USA EN SU NARRATIVA LA TERCERA PERSONA ESTÁ UTILIZANDO UN CÓDIGO ORTODOXO Y ESTABLECIDO. A MÍ ME INTERESA, POR LIMITADA QUE SEA, LA MANERA DE HABLAR DE LAS PERSONAS REALES.

> MUCHOS ME HAN DICHO QUE EN MÍ HAY INFLUENCIAS DE JOYCE. EN REALIDAD, NUNCA LO LEÍ; SÓLO HOJEÉ UN POCO EL *ULISES*, VI QUE ESTABA ARMADO CON TÉCNICAS DIFERENTES Y PENSÉ "ESO ME GUSTA".

Puig rompió con la idea de que el escritor debe tener un estilo personal y único, y reivindicó la posibilidad de trabajar yuxtaponiendo distintos discursos sociales. Sus novelas amalgaman elementos costumbristas y la sensibilidad melodramática de los géneros populares, con innovadoras técnicas de montaje y una sutil maestría para los diálogos.

Boquitas pintadas (1969) es el folletinesco libro con el cual Puig conquistó el mercado internacional. Esta novela dividió a la crítica entre los que sólo vieron en ella una historia "marketinera" que actualizaba el melodrama, y los que destacaron el valor y la novedad de sus procedimientos formales. El escritor Ricardo Piglia formó parte del segundo grupo y percibió los hallazgos que a Puig se le reconocen hoy.

YO NO VENGO DE NINGUNA TRADICIÓN LITERARIA. VENGO DE OÍR RADIO, DE VER FOLLETINES, MELODRAMAS DE LA METRO. LOS INTELECTUALES NO NOTAN CUÁNTA POESÍA HAY EN LAS TELENOVELAS, NI EL MONTÓN DE VERDADES QUE DICEN LOS BOLEROS.

DURANTE MUCHO TIEMPO LA CRÍTICA CREYÓ QUE YO ERA UN BEST-SÉLLER PASAJERO, NO UN ESCRITOR.

EL GRAN TEMA DE PUIG ES EL MODO EN QUE LA CULTURA DE MASAS EDUCA LOS SENTIMIENTOS. EL CINE, EL FOLLETÍN, EL RADIOTEATRO, LA NOVELA ROSA, EL PSICOANÁLISIS: ESA TRAMA DE EMOCIONES EXTREMAS, DE IDENTIDADES AMBIGUAS, DE ENIGMAS Y SECRETOS.

La fuente de la que Puig abreva no es la literatura sino las artes visuales, el cine y los géneros provenientes de la cultura de masas celebrados por el *pop.*

En su hermosa novela *El beso de la mujer araña* (1976), Puig aborda el tema de la orientación sexual con una lucidez y una sincera simplicidad raras para la época. Transcurre en el calabozo donde están encerrados los protagonistas, Molina y Valentín, un guerrillero y un homosexual. En un reportaje, Puig afirmó: "Yo admiro mucho a los movimientos de liberación gay, pero creo en la integración y pienso que hay que hacer una propuesta más radical: negar el sexo como signo de identidad. Mi crítica más amarga es que en Estados Unidos a las minorías se las calma así, formando un gueto. Y es el gueto lo que a mí no me parece bien".

Esta novela, prohibida en la Argentina durante la dictadura, conforma junto con *Pubis angelical* (1979) y *Maldición eterna a quien lea estas paginas*, una zona de su obra donde Puig tematiza la historia política de su país en los años setenta.

Antonio Skármeta / el animador

Antonio Skármeta (Chile, 1940) es el más famoso de los escritores chilenos vivos, debido en parte a su presencia mediática. La novela que le dio celebridad, *Soñé que la nieve ardía* (1973), narra la historia de un joven talento que llega a Santiago decidido a triunfar, pero se topa con una sociedad convulsionada por la agitación política. El autor se distinguió en sus inicios por tomar distancia del vetusto lenguaje retórico que dominaba la narrativa chilena, e incorporar giros coloquiales, jergas callejeras, ritmos y textos del rock. Sus primeros libros están ligados al ambiente juvenil, la experimentación y el desborde; los más recientes se inclinan, en cambio, hacia imaginarios y formas más convencionales.

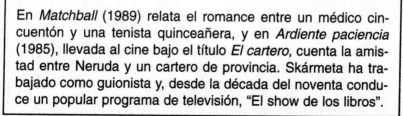

TODA MI LITERATURA HA CRECIDO BIOLÓGICAMENTE. A MEDIDA QUE VA CAMBIANDO EL CUERPO, VAN CAMBIANDO TAMBIÉN LAS ESFERAS DE LA REALIDAD QUE TE ATRAEN, DE MODO QUE LO BIOGRÁFICO ESTÁ ASUMIDO CON FUERZA: DEL JOVEN ADOLESCENTE AL JOVEN QUE SE INTERESA POR LOS PROCESOS SOCIALES; DE ÉSTE, AL HOMBRE YA SIN PELO QUE VIVE EN EUROPA.

SIEMPRE PENSÉ LA LITERATURA COMO UN ACTO DE CONVIVENCIA CON EL MUNDO Y NO COMO UNA INTERPRETACIÓN DE ÉL. NI TESIS, NI MENSAJE, NI DIDÁCTICA. SÓLO POESÍA.

En *Matchball* (1989) relata el romance entre un médico cincuentón y una tenista quinceañera, y en *Ardiente paciencia* (1985), llevada al cine bajo el título *El cartero*, cuenta la amistad entre Neruda y un cartero de provincia. Skármeta ha trabajado como guionista y, desde la década del noventa conduce un popular programa de televisión, "El show de los libros".

Reinaldo Arenas / la risa del disidente

Reinaldo Arenas (Cuba, 1943-1990) nació en una familia muy humilde y sufrió las dificultades de ser homosexual bajo el gobierno de Fidel Castro. Sus libros combinan un humor inmoderado con una dramática reflexión en torno al lugar del disidente, cuya ética resiste a la voluntad homogeneizadora del poder. Los protagonistas de sus libros funcionan siempre como espejo que muestra, exagerándola, su propia vida.

> TUVE UNA VIDA DE PERRO PERSEGUIDO, APALEADO Y ENCERRADO Y OBLIGADO DE NUEVO A VIVIR EN LA FUGA QUE NO CESA.

> TRES PASIONES RIGIERON LA VIDA Y LA MUERTE DE REINALDO ARENAS: LA LITERATURA NO COMO JUEGO, SINO COMO FUEGO QUE CONSUME, EL SEXO PASIVO Y LA POLÍTICA ACTIVA.

El protagonista típico de Arenas es un héroe romántico que se enfrenta a todo y a todos completamente solo: un individuo quijotesco que lucha contra los mecanismos de opresión institucional, seguro de que nunca podría ganar pero, también, de que su lucha dejará el eco de un grito rabioso de libertad.

El Mundo Alucinante (1969) es la inigualable novela que Arenas publicó por los días del *boom,* cuando sólo tenía veintiséis años. Se propuso rescribir allí las memorias de Fray Servando Teresa de Mier (1763-1827), dominico mexicano que anduvo por el mundo al compás de persecuciones inverosímiles, por haber afirmado en un sermón que la Virgen de Guadalupe, sustento teológico de la autoridad colonial en la Nueva España, había aparecido en México en tiempos precolombinos.

ARENAS NO DISIMULA QUE PARTE DEL LIBRO DE MIER, SINO QUE LO ACTUALIZA Y LE SOBREIMPRIME A DICHO TEXTO NUEVAS SIGNIFICACIONES. SU TRUCO CONSISTE EN LOGRAR QUE LOS SUFRIMIENTOS DE FRAY SERVANDO, ACOSADO POR EL PODER, SE IDENTIFIQUEN CON SU PROPIA SITUACIÓN EN LOS AÑOS POSTERIORES A LA REVOLUCIÓN CUBANA.

EL MUNDO ALUCINANTE ERA UN ARMA DE DOBLE FILO PARA MÍ. POR UN LADO DESARROLLABA EL UNIVERSO DE LA IMAGINACIÓN Y DE LA AVENTURA TAN IMPORTANTES EN LA CREACIÓN LITERARIA, Y POR OTRO ESTABA DANDO, CASI DE FORMA ALEGÓRICA, UNA DETERMINADA VISIÓN DE LA ÉPOCA ACTUAL.

A medida que cuenta la ajetreada vida de Fray Servando desde su niñez en Monterrey hasta su muerte en México, la novela despliega un desopilante imaginario carnavalesco.

En sus novelas *Celestino antes del alba* (1967), *El palacio de las blanquísimas mofetas* (1980) –la mejor de las tres– y *Arturo, la estrella más brillante* (1984), Arenas evoca el mundo de su infancia y juventud, signado por la escasez y la violencia, de las que parecía evadirse a través de la fantasía. Enfermo de Sida, escribió sus memorias, *Antes que anochezca* (1990), en las que recrea la vida clandestina de los artistas censurados o discriminados por el Estado socialista. Entre ellos, el maravilloso escritor Virgilio Piñera (Cuba, 1912-1979).

Arenas fue una suerte de discípulo de Piñera, cuya obra está también kafkianamente plagada de persecuciones y huidas, aunque sus héroes no son quijotescos, sino más bien cobardes. Piñera colaboró con la revista *Orígenes,* pero –enemistado con la pacatería de escritores como Cintio Vitier–, se alejó para fundar otra publicación mucho más díscola, abiertamente homosexual, en medio de la dictadura reaccionaria de Fulgencio Batista (1901-1973).

Manuel Scorza / y la lucha indígena sigue

Manuel Scorza (Perú, 1928-1983) fue un declarado continuador de José María Arguedas. Debido a su activa participación en el movimiento indígena, se vio obligado a abandonar su país en más de una ocasión. Al igual que su maestro, rechazaba el calificativo "indigenista": "Es como si yo dijera novela españolista o novela torerista, lo cual sería absurdo. Hay racismo en la literatura". *Redoble Por Rancas* (1970), su primera novela, relata *"La Balada"*. En ella, con una prosa lírica y onírica que fusiona mitos ancestrales e historia, relata el combate de los campesinos para recuperar sus tierras. Lo más alto de su producción es *La Tumba del Relámpago* (1978), "un libro épico en el sentido más profundo de la palabra", como él lo definió.

¿QUÉ LE HA QUEDADO DE ARGUEDAS?

ASÍ COMO EXISTEN TEXTOS DE VIAJEROS EUROPEOS QUE HABLAN DEL ÁFRICA O DE ASIA SIN CONOCERLOS REALMENTE, HAY UN CONJUNTO DE ESCASOS TESTIMONIOS ARTÍSTICOS –CRÓNICAS QUE VAN DESDE LA CONQUISTA HASTA LA ÉPOCA MODERNA– ESCRITOS DESDE ADENTRO. ARGUEDAS FUE EL PRIMERO QUE ESCRIBIÓ DESDE INTERIOR DE LA SOCIEDAD INDÍGENA; EL SEGUNDO PODRÍA SER YO...

Scorza fue uno de los intelectuales que murieron en un accidente de aviación que se produjo en 1983, a metros del aeropuerto de Madrid. Los otros, que viajaban con él a un congreso, eran los escritores Jorge Ibargüengoitia y **Marta Traba** (Argentina, 1930), y el importantísimo crítico uruguayo Ángel Rama, cuya obra es uno de los mayores aportes al intento de pensar la literatura latinoamericana como una unidad.

Ibargüengoitía/hilarantes reescrituras

El humor lo es todo en los textos de **Jorge Ibargüengoitía** (México, 1928-1983). *Los relámpagos de agosto* (1964), sátira de las novelas sobre la Revolución mexicana, es uno de los más conocidos y logrados. En la misma línea burlesca escribió *Maten al león* (1969), donde se ríe de las novelas que cuentan la vida de dictadores; y *Estas ruinas que ves* (1975), absurda fábula acerca de un pobre pueblito detenido en el tiempo.

NACÍ EN GUANAJUATO, UNA CIUDAD DE PROVINCIA QUE ERA ENTONCES CASI UN FANTASMA. MI PADRE Y MI MADRE DURARON VEINTE AÑOS DE NOVIOS Y DOS DE CASADOS. CUANDO MI PADRE MURIÓ YO TENÍA OCHO MESES Y NO LO RECUERDO. POR LAS FOTOS DEDUZCO QUE DE ÉL HEREDÉ LAS OJERAS.

A Ibargüengoitía nada le pareció lo suficientemente serio como para resistirse a su pluma desacralizadora. Logró introducir una valiosa bocanada de aire fresco en las solemnes letras de su país.

Salvador Elizondo / experimentos de escritor

Salvador Elizondo (México, 1932) cobró prestigio a partir de su novela *Farabeuf o la Crónica de un Instante* (1965), cuya poética, de ecos europeos, resultaba excéntrica en el marco de la literatura mexicana. Se centra en la relación sadomasoquista entre el Doctor Farabeuf y su paciente-amante, encadenada a una camilla. La dupla amor-muerte reaparece en *El Hipogeo Secreto* (1968), que lo confirmó como un escritor orientado a los aspectos formales y metatextuales de la escritura, distante de cualquier afán mimético.

> CREO QUE ME HE PASADO LA VIDA HACIENDO EXPERIMENTOS, TRATANDO DE ENCONTRAR UN MODO DE ESCRITURA UN POCO DIFERENTE QUE EL QUE SE USA NORMALMENTE. NO SÉ POR QUÉ.

> MIS LIBROS NO SON PARA UN PÚBLICO GENERAL, SINO QUE MÁS BIEN ESTÁN DIRIGIDOS A UN PÚBLICO INTERESADO EN CIERTOS ASPECTOS DE LA LITERATURA QUE YO TRABAJO. NO ESCRIBO PARA LOS LECTORES.

"Escribo viéndome escribir que recuerdo haberme visto escribir que me veía escribir que recordaba haberme visto escribir que escribía y que escribía que escribo que escribía".

–de *El grafógrafo*

Elizondo ha señalado que James Joyce es su autor preferido y ha sido director de la revista *S.Nob.* Otras de sus novelas son: *Cuaderno de escritura* (1969), *El retrato de Zoe* (1969), *El Grafógrafo* (1972), *Camera Lucida* (1982) y *Elsinore* (1988), que acaso por ser menos afectada que la mayoría resulta especialmente disfrutable.

J. J. Saer / las formas de la percepción

Juan José Saer (Argentina, 1937) se encuentra entre los narradores argentinos más notables del siglo xx. Por la época del *boom*, joven él todavía, publicaba *Cicatrices* (1969), uno de los textos importantes de su vasta obra, que abarca casi treinta títulos. El volumen de relatos *La mayor* (1976) y las novelas *El limonero real* (1974), *Nadie nada nunca* (1980) y *Glosa* (1985), completan lo fundamental de su producción. En sus ensayos *El concepto de ficción* (1997) y *La narración objeto* (1999), aparecen sus reflexiones sobre el trabajo creativo, su adhesión al pensamiento de Theodor Adorno y a la noción de vanguardia, y su mirada crítica sobre la idea de "literatura latinoamericana" dominante en los sesenta.

ESA PRETENDIDA ESPECIFICIDAD NACIONAL DE LOS LATINOAMERICANOS ORIGINA DOS RIESGOS QUE ACECHAN A NUESTRA LITERATURA. EL PRIMERO ES EL VITALISMO, VERDADERA IDEOLOGÍA DE COLONIZADOS, BASADO EN UN SOFISMA QUE DEDUCE DE NUESTRO SUBDESARROLLO ECONÓMICO UNA RELACIÓN PRIVILEGIADA CON LA NATURALEZA. EL SEGUNDO ES EL VOLUNTARISMO, QUE CONSIDERA A LA LITERATURA COMO UN INSTRUMENTO INMEDIATO DEL CAMBIO SOCIAL

Si bien Saer manifiesta un interés por pensarse como parte de un linaje de escritores del Río de La Plata (Onetti, Borges, Felisberto Hernández) emparentados a partir de su imaginario y su trabajo con la lengua, su mirada global es de corte universalista y la tradición con la cual quiere dialogar es la de la narrativa occidental a secas.

Cicatrices gira en torno a un crimen cometido por un obrero metalúrgico. Presenta cuatro relatos narrados en primera persona, que se despliegan en un espacio y un tiempo común. Cada narrador cuenta sus propias experiencias, pero al mismo tiempo provee una versión, más o menos directa, de ese crimen. La pregunta que surge es: ¿cómo se puede reconstruir una realidad que ha quedado reducida a experiencias individuales? Así, confrontando versiones, Saer pone dramáticamente de relieve el carácter parcial, sesgado, precario, de nuestra percepción.

LA PRESENCIA DE LOS OBJETOS ME RESULTA MISTERIOSA. MIRO UN OBJETO Y MI PERCEPCIÓN ESTÁ ACOMPAÑADA DE UN SENTIMIENTO DE EXTRAÑEZA. AHORA MISMO VEO ESAS SILLAS AHÍ, Y ES RARO PENSAR DE QUÉ MATERIAL SON Y CUÁL ES SU RELACIÓN CON EL ESPACIO Y EL TIEMPO. LOS OBJETOS NECESITAN DE UN MOMENTO DE VIVACIDAD PERCEPTIVA PARA EXISTIR REALMENTE.

La obra de Saer tiende a producir un efecto de extrañeza en nuestra percepción del mundo. Suspende los clichés e impone, poéticamente, un signo de interrogación en las representaciones cotidianas de las cosas. Desde este punto de vista, la abstracción es la mayor enemiga de la literatura, dado que ésta apuntaría a la restitución de lo concreto, así como a la instauración de un derecho a la duda respecto de todo sentido unívoco y prefijado.

Luisa Valenzuela / lúdica en la tragedia

Gran admiradora de Cortázar, **Luisa Valenzuela** (Argentina, 1938) se distingue por una prosa fluida y verborrágica, que explora con desparpajo zonas ligadas a la sexualidad y la política. Su novela surrealista *El gato eficaz* (1972), transcurre en una ciudad signada por la noche y la muerte. *Aquí pasan cosas raras* (1976) versa sobre la creciente ola de violencia que asola al país bajo el gobierno de Isabel Perón y su ministro López Rega, en asociación con la Alianza Anticomunista Argentina; y esta problemática vuelve a aparecer en los relatos de *Cambio de armas* (1982). Si bien sus textos abordan temas densos, el impulso lúdico y el humor que dominan su escritura, les quitan tragicidad.

Valenzuela vivió varios años en los Estados Unidos y su reconocimiento internacional es más grande que el que se le tributa en su país. Este hecho no deja de ser paradójico en una autora que ha construido en su obra un retrato crítico de la historia argentina reciente.

Osvaldo Soriano / emotivo y popular

El protagonista de *Triste, solitario y final* (1973), primera novela de **Osvaldo Soriano** (1943-1997), es un periodista que viaja a los Estados Unidos para seguir los pasos del comediante Stan Laurel, y para ello contrata los servicios del detective Philip Marlowe. Laurel y Hardy aparecen ya fuera de estado, paseando su risible fracaso por distintos escenarios; y el detective creado por Raymond Chandler se encuentra en una etapa decadente no menor. Traducido a doce idiomas, este libro constituye una excelente muestra de su mundo narrativo, siempre habitado por personajes fracasados y enternecedores, que enfrentan sus derrotas con una sonrisa.

QUIZÁS LO ÚNICO QUE ME PROPONGO AL ESCRIBIR ES QUITARLE A LA LITERATURA CIERTA SOLEMNIDAD QUE TIENE. TENGO POCA RELACIÓN CON LA CRÍTICA. ME IMPORTAN LOS LECTORES, DIVERTIRME ESCRIBIENDO Y ABRIR UN MUNDO QUE MEZCLE LA AVENTURA CON LA POLÍTICA Y EL HUMOR.

Soriano vivió exiliado en Bélgica y Francia, y regresó a su país al término de la dictadura militar. Siempre ejerció el oficio de periodista y sus novelas fueron un enorme éxito de ventas. *Cuarteles de invierno* (1984), por ejemplo, agotó seis ediciones el año en que apareció. A ella le siguieron una decena de libros, de sencilla estructura y notable capacidad para emocionar al lector.

Sergio Pitol / la pesadilla serena

Complejos y siempre bien resueltos, los textos de **Sergio Pitol** (México, 1933) conjugan la maestría técnica con un imaginario oscuro y extravagante, gozoso de elegancia y buen gusto. Su rigurosa economía narrativa prescinde –al igual que la de Henry James o la de Borges– de todo aquello que no cumpla una función precisa en el relato. El escritor **Carlos Monsiváis** afirmó que si existe la "pesadilla serena", su espacio natural es la obra de Pitol.

PITOL EJERCE LA CONTENCIÓN Y LA DESESPERACIÓN. PRODUCE RELATOS TENSOS, COLMADOS DE ESCENARIOS ASFIXIANTES, DEL IR Y VENIR EN PENUMBRAS DE PERSONAJES ENTRE PASIONES YA SÓLO ACTIVADAS POR EL RENCOR.

SU ALEGRÍA CONSISTE EN OBSERVAR, EN LOS ÁMBITOS DE LA SOLEMNIDAD, EL PASO DE UNAS CUANTAS FIGURAS DISLOCADAS, DE ASPECTO INNEGOCIABLE, DE LOCURA SEMEJANTE AL PASEO EN UN CAMPO MINADO. LA NORMALIZACIÓN DE LOS EXCÉNTRICOS ES UNO DE LOS PROPÓSITOS DE PITOL.

CARLOS **MONSIVÁIS**

Sus novelas más importantes son: *El tañido de una flauta* (1972), *Juegos florales* (1982), *El desfile del amor* (1984) y *Domar a la divina garza* (1988). Pitol también tradujo a grandes autores (James, Conrad, Gombrowicz, por ejemplo) y fue diplomático en Varsovia, Budapest, París, Moscú, Praga y otros países.

Lamborghini / intensidad letra por letra

La breve e irrefutable obra de **Osvaldo Lamborghini** (Argentina, 1940-1985) le valió inmediatamente el lugar de maestro para un pequeño y exigente grupo de jóvenes argentinos de vanguardia. Su sensibilidad era más de poeta que de novelista. En sus textos nada permite descansar: cada una de las oraciones es de una intensidad extrema. La crudeza y la condensación cifran toda su eficacia.

NACÍ EN UN ATAÚD DE PLATA Y DESDE MI NACIMIENTO, DESDE MI GENERACIÓN, AHUYENTÉ AL LECTOR... LA EXASPERACIÓN NO ME ABANDONARÁ NUNCA, Y MI ESTILO LO CONFIRMA LETRA POR LETRA.

¡YAAAAAGH!

HACE BIEN AL ARTE EN DESCONFIAR, PERO TODAVÍA DESCONFÍA POCO.

Poco antes de que Lamborghini cumpliera treinta años, apareció su primer libro, *El fiord* (1969). Era un delgado ejemplar que se vendía casi de manera clandestina en una sola librería de Buenos Aires. Absolutamente descarnado en los planos de la sexualidad y la política, ese texto inauguró su mito de artista marginal.

Epílogo

La idea de una identidad cultural latinoamericana se encuentra hoy en crisis. El nuevo contexto se caracteriza por la desconfianza ante cualquier relato que se proponga como articulador de todas las diferencias. Sumado a ello, el agotamiento del debate ideológico, el eclipse del modelo cubano como horizonte posible o deseable, el evidente empequeñecimiento del lugar social de la literatura y los efectos de la globalización, han hecho que la construcción de una imagen literaria del subcontinente, ya no aparezca como un objetivo para los escritores.

EN LAS ÚLTIMAS DÉCADAS HUBO UNA DESMITIFICACIÓN DEL TEXTO LITERARIO COMO ESPACIO DE BÚSQUEDA Y EXPERIMENTACIÓN, A LA PAR QUE UNA FRAGMENTACIÓN DE LA LITERATUR HISPANOAMERICANA EN PROPUESTAS INDIVIDUALES QUE YA NO PARECEN RESPONDER A EJES COMUNES.

TAL VEZ HAYA SIDO SENSATO PONERSE EN GUARDIA CONTRA LAS CONCEPCIONES QUE ESPERABAN DEMASIADO DE LA FICCIÓN, PERO NO MENOS LO ES DISCUTIR CON AQUELLAS QUE ESPERAN DEMASIADO POCO.

Los escritores de los distintos países latinoamericanos ya no mantienen el diálogo fluido que mantenían en otros tiempos. La preocupación actual en la mayoría de los casos se limita al diseño de estrategias de inserción en el mercado y/o consolidación de una figura de autor.

Índice por autores

La autora

FLORENCIA ABBATE

Florencia Abbate (Bs.As., 1976), escritora y crítica literaria. Dicta clases de literatura en la Universidad de Buenos Aires, donde también realiza su doctorado, con beca del CONICET. Es autora de los libros: *Puntos de fuga* (1996), *El, ella, ¿ella? –apuntes sobre transexualidad masculina–* (1998), *Los transparentes* (2000), *Deleuze para principiantes* (2001), *Shhh –lamentables documentos–* (2002) y *El grito* (en edición, 2003). Sus artículos y reseñas han aparecido en medios académicos y de prensa, tales como los suplementos culturales de los diarios *La Nación* y *El país* (Uruguay), y las revistas *Trespuntos* y *El Porteño*, entre otras. Integra el Consejo de Redacción del *Diario de poesía*. Colabora en la revista *TXT* y en "Bazar americano" (sitio on line de "Punto de vista"). Está a cargo de "Arte atonal": www.arteatonal.com (e-mail: floabb@hotmail.com).

El ilustrador

Diego Parés (Bs.As.,1970), dibujante. Publica desde los 14 años en medios gráficos de la Argentina. Colaboró en las revistas *Humor*, *Sex-Humor*, *Gente*, y en el diario *Clarín*, entre otros. Ha publicado libros para niños, e historietas en España y Portugal. Co-editó la revista de historietas *Suélteme*. Expuso sus obras en varias muestras colectivas; y en el año 2001 realizó "y...¿quién es Tucho?", exposición individual en el centro Cultural Recoleta. Actualmente trabaja para el diario *La Nación*, la revista *Billiken* y *University Pre-Press* (Miami).

DIEGO PARÉS

A Juan Carlos y Florencia, por la confianza. A Elsa, a mis viejos Jorge y María Rosa. A Analía, que es mi luz.